Du kannst Dir nicht vorstellen, wie glücklich wir sind – und wie sehr wir uns danach sehnen, endlich im Eis zu sein und zu frieren! Nie habe ich England mit weniger Bedauern verlassen.

Kapitän James Fitzjames
in seinem letzten Brief an seine Frau

Die einzelnen Blätter haben an der linken Seite einen Rand von ungefähr vier Zentimetern. Ab 20. Februar 1620 erscheinen auf diesem Rand in regelmäßigen Abständen einige Bemerkungen, die in der (später) gedruckten Version des Tagebuches nicht vorkommen. Vor dem betreffenden Datum steht geschrieben: »21 Leichen«. Fünf Tage später heißt es dann: »22 Leichen«. Vor dem 9. März: »26 Leichen«. Vor dem 1. April: »34 Tote«. Vor dem 16. April: »47 Tote«. Vor dem 6. Mai: »53 Tote« und schließlich vor dem 4. Juni, dem Datum des Testaments: »61 Tote«.

Thorkild Hansen über Jens Munk

Ah for just one time
I would take the Northwest-Passage
to find the hand of Franklin
reaching for the Beaufort Sea
tracing one warm line
through a land so wide and savage
and make a Northwest-Passage
to the sea

Ah, nur einmal die Nordwest-Passage befahren;
die Hand zu suchen, die Franklin nach
der Beaufort-See ausstreckte;
den Weg zu finden durch das weite
und wilde Land;
die Nordwest-Passage nehmen in
das offene Meer.

Refrain des Nordwest-Passage-Liedes,
das von Stan Rogers stammt und in Kanada
schnell zur heimlichen Nationalhymne wurde.

Abendstimmung im Peel-Sund, einer Schlüsselstelle in der Nordwest-Passage.

Wie ein gewaltiges Seeungeheuer sperrt das Eis seinen gierigen Rachen auf – und verschlingt Hunderte von Männern, die auszogen, um die nördlichen Seewege zu suchen. Die Aufnahme entstand in der russischen Arktis. Das Bild im Buchtitel zeigt arktischen Mohn im Franz-Joseph-Land.

Helfried Weyer

Nordwest- und Nordost-Passage

Der Traum vom nördlichen Seeweg

Koehlers Verlagsgesellschaft · Hamburg

Alle Bilder: Helfried und Renate Weyer.
Seite 81: National Maritime Museum, Greenwich, London.
Wir danken für die Zurverfügungstellung.

Das Titelbild zeigt den russischen Eisbrecher KAPITAN DRANITSYN in zwei Meter dickem Eis im Franz-Joseph-Land. Der Rücktitel zeigt eine sehr frühe Morgenstimmung im Scoresby-Sund an der Ostküste Grönlands. Foto auf Seite 1: Sonnenlicht in der Polarnacht. Die Sonne kommt nicht über den Horizont, zeigt aber, daß sie da ist.

Ein Gesamtverzeichnis der lieferbaren Titel der Verlagsgruppe Koehler/Mittler schicken wir Ihnen gerne zu.
Sie finden es aber auch im Internet unter www.koehler-mittler.de

Bibliografische Information Der Deutschen Bibliothek
Die Deutsche Bibliothek verzeichnet diese Publikation in der Deutschen Nationalbibliografie; detaillierte bibliografische Daten sind im Internet über http://dnb.ddb.de abrufbar

ISBN 3-7822-0946-X
ISBN 978-3-7822-0946-5

Layout und Produktion: Mirja Hübner
Lithoherstellung: DZA Satz und Bild GmbH
Druck und Bindung: Druckerei zu Altenburg GmbH
Printed in Germany

Inhalt

Sonnenuntergang in der völlig eisfreien Jugor-Straße, einer Schlüsselstelle in der Nordost-Passage.

Die Polarlandschaften dürfen nicht »konsumiert« werden wie ein Freizeitpark. Damit würde man sie zur Spielwiese degradieren und ihre wahre Bedeutung für unsere Zivilisation herunterspielen. Arved Fuchs

Prolog

Der Traum vom nördlichen Seeweg bewegte die Gemüter der europäischen Seefahrer, Geographen und Abenteurer seit dem Ende des 15. Jahrhunderts so stark, daß sie trotz tödlicher Desaster und wiederholter Rückschläge weiter und immer weiter suchten. Männer wie Henry Hudson, Willem Barents und John Franklin sowie unzählige weniger bekannte Seeleute haben diese Suche im ewigen Eis mit ihrem Leben bezahlt. Und sie sind dort oben im Norden nicht friedlich erfroren, sondern unvorstellbar grausam und brutal gestorben. Lange vor ihrem Tod fielen ihnen die Zähne aus dem fauligen Mund, sie verloren den Verstand oder wurden von wilden Eisbären einfach zerfetzt.
Beim Lesen der Log- und Tagebücher, die in vielen Fällen erst Jahrzehnte nach den Reisen bei den tiefgefrorenen Leichen gefunden wurden, stockt uns der Atem. Oft sind es unglaubliche Geschichten voller Grauen und Entsetzen – und doch sind sie alle wahr!
Da meutert eine Mannschaft nach entbehrungsreicher Überwinterung, fesselt ihren eigenen Kapitän und setzt ihn zusammen mit seinem erst sechzehnjährigen Sohn in einem winzigen Beiboot aus – bei Temperaturen, die das Blut in kürzester Zeit erstarren lassen. So unvorstellbar und eisig kalt wie die Berichte sind auch die historischen Bilder, mit klammen Fingern gezeichnet oder gemalt, denn die Fotografie war ja noch gar nicht erfunden. Da türmen sich Eisschollen zu schrecklichen Gebirgen und zermalmen die kleinen hölzernen Schiffe wie Nußschalen.
Die Ursachen für all das schreckliche Ungemach waren zu kleine und viel zu schwache Schiffe, ungenügende Navigationsmöglichkeiten und sehr fehlerhafte oder gar keine Land- und Seekarten. Skorbut wurde zur zusätzlichen Geißel auf den langen Reisen ohne Vitamine in den rätselhaften Norden mit der endlos erscheinenden, dunklen Polarnacht. Ein weiteres bitteres Handicap war das zunächst völlig gestörte Verhältnis der europäischen Polarfahrer zu den in der Arktis lebenden Naturvölkern. Man sah diese Menschen, ganz speziell die Eskimos in der nordamerikanischen Arktis, als primitive Barbaren, denen man besser aus dem Wege geht. Dabei hätten die Schiffsführer unendlich viel von diesen »Primitiven« lernen können! Dazu kamen eine grenzenlose Überheblichkeit und der unerschütterliche Glaube an die eigene Unfehlbarkeit.
Kapitän Tom Irvine, unser kanadischer Icemaster auf der HANSEATIC während einer Nordwest-Passage-Fahrt, sagte uns:
»Wir lernen heute, was die Eskimos schon vor dreitausend Jahren gewußt haben!«
Damit hat der erfahrene Eisspezialist genau das ausgedrückt, was früher viele Menschenleben hätte retten können.
Roald Amundsen wäre nie so erfolgreich gewesen, wenn er nicht ständig bei den Einheimischen in die »arktische Lehre« gegangen wäre. Während seiner ersten Überwinterung in der Nordwest-Passage schrieb er in sein Tagebuch:
»Die Eskimos hängen den inneren und den äußeren Anorak über die Hose, damit Luft ungehindert zirkulieren kann. Ich finde das ausgezeichnet, und meines Erachtens ist das auch die einzige richtige Möglichkeit, Pelze zu tragen. Nur so kann ich mich frei bewegen, wie ich will, und bin immer warm ohne zu schwitzen.«
Eine Lappalie? Nein, eine große und wichtige Erfahrung für das Überleben in der Arktis.
John Franklin hat lange vor seiner tragisch endenden Expedition eigene Erfahrungen auf ausgedehnten Erkundungsmärschen in der Arktis gesammelt. Er hat sich bei seiner letzten Expedition aber ganz alleine auf die beiden Schiffe der Marine verlassen und keine Vorsorge für eventuelle Überlandmärsche getroffen. Er hat aus unerklärlichen Gründen keine Schlitten mitgenommen und nie daran gedacht, aus der Lebensweise der Eskimos zu lernen. Solche Selbstüberschätzung und Arroganz des John Franklin hat dann über hundert Menschen in den Tod getrieben.
Mit Männern wie Knud Rasmussen – »gebt mir Winter und gebt mir Hunde, dann könnt ihr den Rest (der Welt) behalten« –, Roald Amundsen – »Wir werfen die Gewehre weg und eilen unseren Freunden entgegen. Wir schreien alle durcheinander, umarmen uns, klopfen uns auf die Schultern, und ich weiß nicht, auf welcher Seite die Freude am größten ist.« – und Fridtjof Nansen – »Es ist, als

ob man in einen stillen heiligen Tempel träte, wo der Geist der Natur auf glitzernden Silberstrahlen durch den Raum schwebt und die Seele die Unendlichkeit des Weltalls anbeten muß.« – waren am Ende des 19. und am Anfang des 20. Jahrhunderts Polarforscher auf die Bühne getreten, die den Norden über alles liebten und nicht nur positiv von ihren durchaus gefahrvollen Expeditionen berichteten, sondern vom Eis, der Kälte, dem unvergleichlichen Nordlicht in der Polarnacht und den liebenswerten Bewohnern der Arktis geradezu schwärmten wie vom wiedergefundenen Paradies. Der nördliche Seeweg war inzwischen gefunden und hatte dem Handel zwischen Europa und China doch keinen Nutzen gebracht. Dafür waren den Entdeckern die Walfänger und Pelzjäger gefolgt – in manchen Fällen auch umgekehrt – und haben den einzigartigen Tierbestand der Arktis in kürzester Zeit fast ausgerottet. Heute sind aus diesen nördlichen Seewegen sehr gefragte Touristenziele geworden, die man in jedem Reisebüro zu Pauschalpreisen buchen kann. Und deshalb müssen wir uns die kritische Frage von Arved Fuchs sehr ernsthaft stellen; dürfen Polarlandschaften »konsumiert« werden? Ich denke, in gewisser Hinsicht ja! Denn es wird bei Arktisreisen nie einen für die Ausgewogenheit der Natur gefährlichen Massentourismus geben. Das verhindern schon die verhältnismäßig hohen Tourpreise, bedingt durch die riesigen Entfernungen und den enormen Ölverbrauch der gigantisch starken Eisbrecher. Außerdem zeigen die Arktisveranstalter ein sehr hohes Maß an Verantwortung und lassen keinen Passagier ohne Begleitung eines fachkundigen Lektors an Land. Jeder Arktisreisende wird deshalb durch die Betreuung an Bord und an Land für den Naturschutz, gerade in diesen Extremzonen, sehr stark sensibilisiert. Das wiederum hilft unserer Umwelt auf dem gesamten so geplagten Planeten.

Mit diesem Buch möchte ich sogar für Polarreisen werben – denn die Besucher der Hohen Breitengrade bekommen Landschaften zu sehen, die man sich schöner, stiller, großartiger und ursprünglicher nicht vorstellen kann; Eis und Himmel, Wasser und Wolken, Sonnenreflexe und Nebel in allerschönsten und saubersten Farben, dazu eine fantastisch wilde Tierwelt mit Eisbären, Robben, Walen und Millionen von laut schreienden Seevögeln. Da werden keine Schiffe mehr wie Nußschalen zerdrückt, da sind nur Stille und Großartigkeit. Und die Sonne geht während der Reisen nie unter!

Zwischen die Bilder, die in der Nordwest-Passage und in der Nordost-Passage entstanden sind, habe ich Geschichten gestellt, wie sie dramatischer und haarsträubender gar nicht sein können. Die Erschließung der Nordwest-Passage wurde bei uns im Westen sehr ausführlich und vielseitig publiziert. Nicht so aber die Geschichte der Nordost-Passage. Während des Kalten Krieges war der nordöstliche Seeweg militärisches Sperrgebiet, außerdem gab es bei uns im Westen kaum Übersetzungen der russischen Expeditionsberichte. Da hat uns die ehemalige DDR geholfen, dort suchte man Helden der Sowjetunion – und die fand man in russischer Arktisliteratur.

Das Passagierschiff MS Hanseatic mitten in der Nordwest-Passage. Die nördlichen Seewege gehören heute zu besonders beliebten Kreuzfahrt-Zielen, auf denen Touristen die grandiose Schönheit der Arktis hautnah erleben und sogar noch ein wenig mitzittern können; kommen wir durch oder bleiben wir im Eis stecken? Wir sind mit der MS Hanseatic durchgekommen, allerdings nur durch die Unterstützung eines kanadischen Eisbrechers.

Kapitän Heinz Aye ist bis heute (2006) der einzige Kapitän, der fünfmal auf vier verschiedenen Schiffen die Nordwest-Passage erfolgreich durchfahren hat: mit der World Disvoverer (1985), Society Explorer (1988), Frontier Spirit (1992 und 1993) und der MS Hanseatic (1997).

Die eiserprobte MS Bremen hieß lange vor der Übernahme durch die Reederei Hapag Lloyd Frontier Spirit und durchfuhr die Nordwest-Passage erstmals 1992 unter dem Kommando von Kapitän Heinz Aye. Eine zweite Durchfahrt unter dem Namen Frontier Spirit erfolgte im Jahr 1993 – wieder unter Kapitän Heinz Aye – und die erste Durchfahrt als MS Bremen im Jahr 2003 unter dem Kommando von Kapitän Daniel Felgner.

Die MS Hanseatic, ebenfalls heute der Reederei Hapag Lloyd gehörend, durchfuhr die Nordwest-Passage erstmals im Jahr 1994 unter dem Kommando von Kapitän Hartwig von Harling. In jenem Jahr war die MS Hanseatic das größte Passagierschiff, das jemals die Passage durchfahren hat. Weitere Nordwest-Passage-Fahrten erfolgten in den Jahren 1996, 1997, 1998, 2000 und 2002, die beiden letzten unter Kapitän Thilo Natke, der in diesem Buch noch als Erster Offizier (während unserer gemeinsamen Reise 1994) vorgestellt wird. Das Foto zeigt die MS Hanseatic während ihrer Jungfernfahrt 1993 in Grönland.

Der 25.000 PS starke Eisbrecher IB Kapitan Dranitsyn gehört der Reederei Murmansk Shipping Company und ist in allen russischen Eiswüsten ›zu Hause‹. Von der Agentur Poseidon Arctic Voyages in Moskau wird das Schiff für Touristenreisen zum Kaiser-Franz-Joseph-Land und auch in die Nordost-Passage eingesetzt. Die Nordwest-Passage wurde von der Kapitan Dranitsyn ebenfalls mehrfach durchfahren (1996, 1999 und 2000). Das Bild habe ich in der Kara-See aus dem offenen Bordhelikopter heraus fotografiert.

Kapitän Vladimir Zajerko (l.) aus Murmansk gehört zu den erfahrensten Eismeerkapitänen in der Nordost-Passage und führt seine Gäste leidenschaftlich gerne durch Eisfelder bis zu zwei Meter Dicke! Die russische Seele an Bord der IB Kapitan Dranitsyn während der Poseidon-Expeditionsfahrten ist Victor Boyarsky (r.), Direktor des Arktischen und Antarktischen Museums in St. Petersburg. Victor kann ohne Eis nicht leben; er durchquerte die Antarktis auf der längsten dort möglichen Route per Hundeschlitten und besuchte den Nordpol etwa 50mal, zu Fuß, im Helikopter und auf dem Atomeisbrecher IB Yamal. An Bord der IB Kapitan Dranitsyn arbeitet Victor als Expeditionsleiter und ist damit für die Route, das Tagesprogramm und alle Anlandungen verantwortlich. Er und der Kapitän bilden ein großartiges Team, so daß alle Gäste dieser einzigartigen Expeditions-Kreuzfahrten zu begeisterten Arktisfans werden. Ich selbst habe fünf Reisen auf dem Eisbrecher als Bordlektor, Reiseleiter und Fotograf mitgemacht und dabei mehr über Rußland und seine Menschen gelernt als in vielen Jahren auf der Schulbank – nicht zuletzt durch die Freundschaft mit Victor Boyarsky.

ЯМАЛ
YAMAL

Heute fahren vor allem russische Atomeisbrecher in der Nordost-Passage und halten die meist vereiste Fahrrinne offen. Nur die Murmansk Shipping Company verfügt über Atomeisbrecher und läßt zur Zeit (2006) einen weiteren in St. Petersburg bauen. Das Foto zeigt die IB YAMAL, mit 75.000 PS der zur Zeit stärkste Eisbrecher, auf dem Weg vom Nordpol nach Murmansk. Das Bild entstand Anfang August 2006 im fast völlig eisfreien Franz-Joseph-Land.

Spaniens und Portugals große Seemacht und ihr Neid gegen andere Länder gestatteten fremden Seefahrern nicht, mit ostasiatischen Ländern Handel zu treiben, die von Marco Polo in so lockenden Berichten über unerhörten Reichtum an Gold und Edelsteinen, kostbaren Zeugen, Gewürzen und wohlriechenden Erzeugnissen geschildert worden sind. Um den Kaufleuten des nördlichen Europa Gelegenheit zu geben, an diesem Gewinn teilzunehmen, schien es notwendig, neue, für die Armadas der Pyrenäischen Halbinsel unzugängliche Wege zu entdecken.

Adolf Erik Freiherr von Nordenskiöld

Papst Alexander VI. hat an allem schuld

Als Marco Polo im 13. Jahrhundert von seiner 24jährigen Weltreise aus China nach Venedig zurückkehrte und von den einzigartigen Schätzen und dem unermeßlichen Reichtum des fernen Wunderlandes Cathay (China) anschaulich und überschwenglich berichtete, wurden die Kaufleute des Abendlandes unruhig. Im Märchenland Cathay – so Marco Polo – lag der Reichtum buchstäblich auf der Straße; dort gab es goldene Pflastersteine, die man einfach aufheben und mitnehmen konnte:

»Dort gibt es Gold in großen Mengen und viele wertvolle Steine. Dort gibt es unzählige Gewürze – völlig schneeweißen Pfeffer und auch eine große Menge schwarzen.«

Der Reichtum in Cathay schien geradezu unendlich zu sein. Aber wie konnte man von Europa aus kostengünstig und sicher an diese Schätze gelangen?

Während der ersten Jahrtausendwende herrschten in Spanien Muslime. Das mißfiel der Kirche, und deshalb rief der Papst zum heiligen Kampf auf. Nicht nur Spanien sollte christlich werden, sondern auch der Rest der (damals bekannten) Welt. Der Genuese Christoph Kolumbus wurde von Spanien beauftragt, den westlichen Seeweg nach Indien zu suchen, und er glaubte tatsächlich, seinen Auftrag erfüllt zu haben, nachdem er 1492 Land gefunden hatte. In Wahrheit hatte er Amerika entdeckt – oder wiederentdeckt, denn die Wikinger waren schon 500 Jahre vor Kolumbus auf Neufundland gestoßen und nannten die nordamerikanische Küstenregion Vinland.

Im 16. Jahrhundert zerstörten Spanier die Azteken- und Inkareiche in Mexiko und Peru, außerdem entstanden an Afrikas Küsten und sogar in Asien, besonders auf den Philippinen, bedeutende spanische Kolonien. Damit wurde das spanische Imperium tatsächlich zum ersten Weltreich mit wirklich globalen Ausmaßen. Als logische Konsequenz forderte die Kirche auch ihre Vorrangstellung auf allen (damals bekannten) Weltmeeren. Aber es gab in jener Zeit auch noch eine zweite, ebenfalls christliche Seemacht: Portugal. Schon vor Kolumbus war Portugal an vielen Entdeckungen neuer Länder beteiligt und hatte sich an der afrikanischen Küste ebenso engagiert wie bei der Suche eines Seeweges nach Indien und zu den Gewürzinseln. Einen Krieg um die Macht über Neuentdeckungen und die Seewege dorthin zwischen Spanien und Portugal, die ja beide derselben Kirche angehörten, wollte Rom unbedingt vermeiden. Deshalb war der Papst zu einem ungeheuerlichen Kompromiß bereit: In dem 1494 geschlossenen Vertrag von Tordesillas, der auf Betreiben von Papst Alexander VI. zustande kam, wurden die weltweiten Seerechte ganz einfach an Spanien und Portugal zweigeteilt vergeben.

Der Papst legte am 4. Mai 1493 eine Demarkationslinie fest, die in Nord-Süd-Richtung von Pol zu Pol durch den Atlantischen Ozean lief und ca. 480 km westlich der Kapverdischen Inseln fixiert wurde. Damals waren weder Nord- noch Südpol annähernd bekannt. Spanien wurden alle Rechte westlich dieser Linie zugesprochen, also die

Ajako ist Polareskimo aus Thule, von Beruf Jäger und Fänger. Hätten die Pioniere unter den Polarfahrern mehr vom Leben der Eskimos – die sich selbst Inuits nennen – gelernt und übernommen, dann wäre es bei der Suche nach den nördlichen Seewegen zu weit weniger Katastrophen gekommen. Gleiches gilt für die Russen, die von den Tschuktschen auch nur wenig Polarerfahrung übernommen haben.

Neue Welt und damit ganz Amerika; und Portugal alle östlich davon gelegenen Gebiete, also ganz Afrika und Asien.

Die Portugiesen waren über diese Teilung zunächst höchst unzufrieden und fühlten sich benachteiligt. Daraufhin kam es zu einer Korrektur; die Grenzlinie wurde nach zähen Verhandlungen ein Jahr später ca. 1.770 km westlich der Kapverdischen Inseln neu festgelegt. Damit fiel der östliche Teil des brasilianischen Festlandes auch noch an das portugiesische Hoheitsgebiet. 1494 wurde der Vertrag von Tordesillas von beiden Ländern ratifiziert.

Logisch, daß die anderen großen Seemächte der damaligen Zeit wie England, Frankreich oder Holland diesen Vertrag nicht anerkannten. Außerdem hatte die Kirche die ganz persönlichen Interessen der vielen Menschen und Völker in den willkürlich aufgeteilten Ländern in keiner Weise berücksichtigt.

Nach diesem menschenrechtsverachtenden Vertrag – der erst 1750 durch den Vertrag von Madrid aufgehoben wurde – trauten sich kaum noch fremde Schiffe in die »spanischen« und »portugiesischen« Gewässer, sie mußten immer und überall damit rechnen, angegriffen, gekapert oder versenkt zu werden. Es schien für das restliche Europa nur eine Lösung logisch zu sein; die Suche eines nördlichen Seeweges nach China, Japan und Indien, der außerdem versprach, viel kürzer und damit auch preiswerter zu sein. Es mußte doch möglich sein, direkt über den Nordpol zu den verlockenden Märkten des Ostens zu segeln, zu den goldenen Pflastersteinen von Cathay.

Die MS Hanseatic auf dem Weg in die Nordwest-Passage vor grönländischen Eisbergen.

Der düstere Cunningham-Gletscher im kanadischen Lancaster-Sund, dem Tor zur Nordwest-Passage.

Sollte die Expedition, wie ich hoffe, ziemlich ungehindert und also in einer verhältnismäßig kurzen Zeit die Bering-Straße erreichen können, dann wird zwar die Zeit, welche unterwegs den naturhistorischen Forschungen gewidmet werden kann, für die Lösung mancher der von mir angeführten Fragen viel zu kurz werden. Aber abgesehen von dem weltgeschichtlichen Schiffahrtsproblem, welches dadurch gelöst ist, dürften selbst dann noch unendlich wichtige und umfassende Beiträge zur Kenntnis der geographischen, hydrographischen, zoologischen und botanischen Verhältnisse im sibirischen Eismeer erzielt werden können.

Adolf Erik Nordenskiöld

Endlich! Das große Unternehmen, für das mein ganzes bisheriges Leben eine einzige Vorbereitung gebildet hatte, war in Gang! Die Nordwest-Passage – dieses höhnende Geheimnis aller Seefahrer der Vergangenheit – sollte endlich unser werden!

Roald Amundsen

Der Traum vom nördlichen Seeweg

Anfang Juli 1878 verließ der schwedische Polarforscher Adolf Erik Freiherr von Nordenskiöld mit seinem Schiff VEGA Göteborg, um die Nordost-Passage bis zur Bering-Straße zu durchfahren. Die Finanzierung der Reise war durch den schwedischen König und zwei Geschäftsleute abgesichert. Nur knappe vier Wochen nach dem Auslaufen durchfuhr die VEGA schon die Jugor-Straße (zwischen der Insel Waigatsch und dem russischen Festland) in die Kara-See und segelte dann weiter in die Laptew-See hinein. Nur wenige Tagesreisen vor der Bering-Straße fror das Meer zu und zwang Nordenskiöld zur Überwinterung bei den Tschuktschen. Zehn Monate später, Mitte Juli 1879, kam die VEGA wieder frei und erreichte die japanische Stadt Yokohama Anfang September. Auf der bekannten Route Indischer Ozean, Sueskanal und Mittelmeer fuhr Nordenskiöld dann heim nach Stockholm, wo er am 24. April 1880 wohlbehalten eintraf. Der schwedische König erklärte dieses Datum prompt zum Nationalfeiertag.

23 Jahre später, 1903, startete der junge Norweger Roald Amundsen seine Fahrt in die Nordwest-Passage auf dem winzigen Fischkutter GJØA. An der Südküste der King-William-Insel, dort, wo Franklins Männer völlig hilflos verhungerten, überwinterte Amundsen bei den Eskimos – und blieb gleich zwei Jahre bei ihnen. Eine dritte Überwinterung folgte an der Mündung des Mackenzie-Flusses unweit der Insel Herschel. 1906 setzte Amundsen seine Expedition fort und erreichte im Oktober San Francisco. Wieder zu Hause in Norwegen, wurde Roald Amundsen als Nationalheld gefeiert – dennoch erwartete ihn daheim ein Berg von Schulden, den der sicher erfolgreichste Polarforscher sein Leben lang nicht mehr los wurde.

Nordenskiöld hat die Nordost-Passage genausowenig entdeckt wie Amundsen die Nordwest-Passage. Beide Seewege waren inzwischen bekannt, aber vor den Expeditionen der Polarforscher noch nie in einem Stück durchfahren worden. Und weil diese Durchfahrten von großartigen Männern bewältigt wurden, die bestens vorbereitet waren und über vielfältige Erfahrungen in der Arktis verfügten, gab es anschließend auch viel weniger zu berichten, als von Unternehmen, die im Desaster endeten und viele Tote zu beklagen hatten. Erfolgreiche Handlungen sind für die breite Öffentlichkeit leider viel weniger interessant und spektakulär als Katastrophen mit möglichst vielen Opfern.

Vor den oben genannten Erfolgen hat es mindestens 20 vergebliche Versuche in der Nordost-Passage und über 30 ebenfalls erfolglose Expeditionen in der Nordwest-Passage gegeben.

Wann genau die Suche nach den nördlichen Seewegen begann, liegt im Nebel der Geschichte verborgen. Von den kühnen Reisen der Wikinger, die bereits um das Jahr 1000 den Atlantik überquert

und lange vor Kolumbus amerikanischen Boden betreten haben, gibt es keine genauen schriftlichen Aufzeichnungen. Sicher ist aber, daß die Wikinger schon damals, vor über 1000 Jahren, weit in den Norden vorstießen; nach Island, Grönland und vermutlich auch nach Spitzbergen. Dagegen existiert ein sehr detaillierter Bericht des Normannen Othere, der im Jahr 875 wahrscheinlich als erster Mensch das europäische Nordkap umfahren hat, danach sogar bis in das Weiße Meer vorgestoßen ist und schließlich die Küsten des europäischen Rußland besuchte.
Genaue und zuverlässige Logbücher und Reiseberichte gibt es aber erst ab dem 15. und 16. Jahrhundert.

1497 Der Seefahrer John Cabot, in Venedig geboren, hatte vergeblich versucht, spanische Geldgeber für eine Reise nach China zu gewinnen. Deshalb ging er nach England und überzeugte dort König Henry VII. und dazu einige Kaufleute aus Bristol für seinen Plan, im Norden nach Cathay zu segeln. Im Frühjahr 1497 verließ er England und erreichte vermutlich die Küste von Neufundland, die er New Found Land taufte. Schon im August desselben Jahres kam er nach England zurück und brachte einige gefundene Tierfallen mit, sonst hatte er nichts entdeckt. Cabot war aber davon überzeugt, daß er Cathay erreicht hatte und kassierte vom englischen König zehn Pfund Belohnung für seinen »Erfolg«.

1498 Schon ein Jahr später brach Cabot mit fünf voll beladenen Schiffen erneut in den Nordwesten auf. Diesmal wollte er an der Küste New Found Lands nach Südwesten segeln und dort seine Ware teuer verkaufen. Aber Cabot und seine Schiffe blieben für alle Zeiten verschollen.

1534 Der Bretone Jacques Cartier stach im Jahr 1534 in See und segelte nach Nordwest, natürlich ohne den märchenhaften Orient zu erreichen. Aber Cartier entdeckte auf seiner Reise den Sankt-Lorenz-Strom und gründete Französisch-Kanada.

1553 Im Mai 1553 begann die offizielle Suche nach der Nordost-Passage – und endete gleich in einer ungeheuerlichen Katastrophe, die 63 Menschenleben forderte, durch die Unerfahrenheit des Expeditionsleiters.
Nach den eher kläglichen Versuchen des John Cabot im Nordwesten gründeten englische Kaufleute die Gesellschaft *Merchant Adventures* mit der Aufgabe, Gelder für die Suche einer Nordost-Passage aufzutreiben. Sir Hugh Willoughby, ein verdienter britischer Soldat, der allerdings nie zur See gefahren war, bekam das Kommando über drei Schiffe. Diese wurden bereits nördlich der Lofoten durch einen fürchterlichen Sturm voneinander getrennt. Ein Schiff, die EDWARD, rettete sich nach Vardø, die beiden anderen segelten weiter nach Russisch-Lappland, wo sie Ende September eintrafen. Willoughby entschloß sich zur Überwinterung. Menschen hatte er an Land nicht angetroffen.
Im folgenden Sommer fanden russische Fischer die beiden Schiffe – mit 63 Leichen an Bord. Unter ihnen befand sich auch der Expeditionsleiter Willoughby. Waren diese Männer verhungert, erfroren oder an Skorbut gestorben?
Die Entdecker der beiden Schiffe hatten die Leichen in ganz seltsamen Stellungen vorgefunden; sitzend, schreibend, in der Hand noch die Feder, oder sitzend vor einem halb vollen Teller auf dem Tisch und den Löffel noch im Mund.
Gespenstisch!
Erst 400 Jahre später las die britische Medizinhistorikerin Eleanora C. Gordon den Bericht über diese Katastrophe und folgerte, daß den beiden Schiffsbesatzungen vermutlich das Brennholz ausgegangen war. Deshalb heizten sie mit Kohle weiter und verschlossen alle Lüftungen gegen die eindringende Kälte. Das geruch- und geschmacklose Gas Kohlenmonoxid der verbrennenden Kohle muß die Männer sehr schnell überrascht, betäubt und getötet haben.
Das dritte Schiff dieser Unglücksexpedition mit ihrem Kapitän Richard Chancellor war nach einer Woche Wartezeit auf Vardø weiter bis ins Weiße Meer und nach Archangelsk gesegelt. Von dort zog Chancellor auf dem Landweg bis nach Moskau. Zar Iwan IV. empfing den Besucher aus England sehr freundlich und erteilte der *Merchant Adventures* die Genehmigung, fortan über die Nordroute Handel mit Rußland zu treiben. Dieser Vertrag wurde eine starke Konkurrenz zur deutschen Hanse, die in jener Zeit den Ostseehandel fest in der Hand hatte. So kam es trotz der vielen Opfer doch noch zu einem Teilerfolg dieses Unternehmens.
»Willoughbys Nordostexpedition«, schreibt Christoph Ransmayr in seinem großartigen Roman »Die Schrecken des Eises und der Finsternis«, »ist der Beginn eines Totentanzes, der bis in die Zeiten Payers und Weyprechts und darüber hinaus dauert.«

1556 Der Engländer John Buckland fuhr im Jahr 1556 erneut mit einer kleinen Handelsexpedition durch das Weiße Meer nach Archangelsk und wollte die beiden Unglücksschiffe seines Vorgängers Willoughby bergen und heimholen. Richard Chancellor, der inzwischen von seiner erfolgreichen Mission aus Moskau zurückgekehrt war, schloß sich dem Konvoi an. Die Heimreise von Buckland stand aber unter keinem guten Stern; drei Schiffe gingen vor der norwegischen Küste verloren, Richard Chancellor kam dabei ums Leben.

1556 England gab sich mit den Erfolgen der *Merchant Adventures* nicht zufrieden, man wollte den nordöstlichen Weg bis nach China weiter suchen oder zumindest erkunden. Zu diesem Zweck wurde im Jahr 1556 die SEARCHTHRIFT unter dem Kommando von Stephen Burrough auf eine weitere Expedition geschickt, die im August ein bis dahin fremdes Land erreichte, das von den Russen »Nova Zemblae« (Neues Land) genannt wurde. Schlechtes Wetter und zuviel Treibeis zwangen Burrough zur Umkehr.
Stephen Burrough wird seit dieser Reise als Entdecker von Nowaja Semlja genannt, aber zu Unrecht. Er fand vor der Insel verschiedene Schiffe mit Bewohnern des nördlichen Rußland, die dort Wale und Robben fingen und an Land auch Pelz-

tiere. Der Name Nowaja Semlja deutet schon darauf hin, daß diese Doppelinsel wahrscheinlich von Russen entdeckt wurde, unbekannt ist allerdings das Wann und das Wie.

1576 Nach all diesen Rückschlägen in der Nordost-Passage begannen Engländer auf Drängen ihrer Königin Elisabeth I. die Suche nach einem nordwestlichen Seeweg. Martin Frobisher war der erste bedeutende Seefahrer im Norden Amerikas, ein richtiger Haudegen und Veteran, der mit 14 Jahren schon eine Handelsexpedition nach Westafrika mitgemacht hatte und viele Monate als weiße Geisel bei einem schwarzen Häuptling überlebte. Dreimal wurde Frobisher als Freibeuter verhaftet, aber immer wieder hatte er es verstanden, seine eigenen Gewinne so gut mit der Königin zu teilen, daß er einer Strafverfolgung entkommen konnte. Im Juni 1576 startete Frobisher mit drei Schiffen und 35 Mann Besatzung. Das kleinste Schiff, nur 10 Tonnen groß, wurde bereits vor der grönländischen Küste in einem Sturm so stark beschädigt, daß es nach England zurücksegeln mußte. Frobisher erreichte bei 62° nördlicher Breite eine Wasserstraße, die nach Nordwesten führte. Er hielt sie für die Passage und glaubte tatsächlich, an Backbord läge Amerika und an Steuerbord Asien!
Die Männer der Expedition begannen den gefundenen Wasserweg, der heute Frobisher-Straße heißt, zu erkunden und stießen dabei auf Eskimos. Zunächst kam es zu einem friedlichen Tauschhandel zwischen den Engländern und den Eingeborenen. Dann aber verschwanden fünf Besatzungsmitglieder im einzigen Ruderboot der Expedition spurlos. Eine Suche nach den Vermißten war ohne Boot unmöglich, und deshalb bereitete Frobisher seine Abfahrt vor. Da tauchten noch einmal Eskimos in Kajaks bei den Schiffen auf, und den Engländern gelang es, einen sehr erschrockenen Eskimo mitsamt seinem Kajak an Deck zu ziehen.
Andere Expeditionen haben von ihren Reisen seltene Pflanzen und Tiere mit nach Europa gebracht, Frobisher konnte einen ersten Eskimo in England »ausstellen«.

Dundas Harbor im Lancaster-Sund ist eine seit langer Zeit verlassene Station der Royal Canadian Mounted Police, eine Geisterstadt zwischen Nordpol und Zivilisation. Kapitän Hartvig von Harling prüft hier jedes Haus, bevor sich die Passagiere der MS Hanseatic nähern. Dort könnten sich gefährliche Eisbären verbergen.

Außerdem hatte er Steinbrocken mit an Bord, in denen man Goldadern vermutete.
Der gekidnappte Eskimo starb nach wenigen Wochen an einer Erkältung, das Gold in den Steinen wurde von fragwürdigen Materialprüfern bestätigt.
Im Jahr 1861, also 300 Jahre später, fand der Amerikaner Charles Francis Hall Überreste der Frobisher-Expedition und hörte gleichzeitig von den Eskimos die wahre Geschichte: Die fünf Verschollenen wurden von den Eskimos bis zu Frobishers Abreise gefangengehalten, dann aber freigelassen. Mit einem selbstgebauten Boot wollten sie schließlich nach England zurücksegeln – dort sind sie aber nie angekommen. Erstaunlich ist dabei die Tatsache, wie lange nie aufgeschriebene Geschichten bei den Eingeborenen mündlich überliefert werden.

1577 Das angebliche Gold in den mitgebrachten Steinen interessierte nicht nur Martin Frobisher, sondern auch die Königin. Sie schickte Frobisher im Mai 1577 erneut mit drei Schiffen nach Nordwesten. Als Hauptziel dieser zweiten Expedition sollte Frobisher 200 Tonnen goldhaltiges Erz nach England schaffen und dabei den Seeweg nach Cathay weiter erkunden. Im Juli erreichten die Schiffe die alte Wasserstraße und in ihr auch eine kleine Insel. Die Männer begannen Erz abzubauen und zu verladen. Außer den Steinen brachte Frobisher von dieser zweiten Expedition einen Eskimomann, eine Frau und ein Kind mit nach England. Alle drei starben schon nach wenigen Wochen in der ungewohnten Umgebung.

1578 Aber ganz England war begeistert, und deshalb schickten die Krone und einige Handelsherren Frobisher schon ein Jahr später mit 15 Schiffen und 400 Männern los, um jetzt 2.000 Tonnen Erz zu holen. Diese dritte Frobisher-Expedition stieß auf schlimmes Wetter, verirrte sich und fand ihre »Goldinsel« erst nach langer Suche. Anfang September verließ Frobisher seine Insel mit 1.100 Tonnen Steinen und segelte heim. In einem furchtbaren Sturm verlor er vierzig Männer, und als er schließlich England erreichte, mußte er zu seinem Verdruß hören, daß Experten inzwischen rausgefunden hatten: bei den glitzernden Adern handelt es sich nicht um Gold, sondern lediglich um wertlosen Eisenkies. Die mitgebrachten Steine wurden daraufhin in die Themse gekippt.
Frobisher wurde anschließend wieder Freibeuter und diente unter dem berühmten Seeräuber Sir Francis Drake als zweiter Befehlshaber. 1594 starb der legendäre und tragische Held Martin Frobisher an Verletzungen, die ihm Spanier bei einem Gefecht in Frankreich zugefügt hatten. Posthum wurde Martin Frobisher von der Königin geadelt.

1580 Francis Drake und Martin Frobisher jagten den Spaniern und Portugiesen so große Schätze ab, daß die Kaufleute der *Moskauer Kompanie* erneut nervös wurden und im Jahr 1580 eine weitere Expedition in die Nordost-Passage entsandten. Die beiden sehr erfahrenen Kapitäne Arthur Pet und Charles Jackman teilten sich das Kommando und gingen sehr optimistisch auf die Suche nach Cathays Gold. An Bord hatten sie Seide, Kleidung, Segeltuch, Pergament, Seife, Safran und auch große Mengen Branntwein. Beide Schiffe verloren sich mehrmals, trafen sich aber wieder, wurden durch Eis- und Grundberührungen beschädigt, bis Charles Jackman mit seinem Schiff WILLIAM in einem Sturm erneut verschwand und nicht wieder auftauchte. Arthur Pet segelte daraufhin alleine nach England zurück. Immerhin war es dieser Expedition erstmals gelungen, im Süden von Nowaja Semlja weiter bis in die Kara-See zu fahren – aber ob das der richtige Weg nach Cathay war oder eine gefährliche Sackgasse, konnte anschließend niemand sicher beantworten.

1585 Der Engländer John Davis war ein angesehener Navigator und hatte ein gutes Handbuch über nautische Fragen und deren Problemlösungen geschrieben. Er gehört auch zu den Entdeckern der bis heute britischen Falklandinseln. 1585 versuchte sich Davis mit zwei Schiffen an der Nordwest-Passage. Er fuhr über Grönland zur Insel Baffin und erreichte dort 66°. Seine erste Begegnung mit Eskimos verlief ganz anders als bei Frobisher und ist deshalb schon erwähnenswert: Davis hatte – und das war bei solchen Expeditionen ganz neu – ein eigenes Orchester mit an Bord. Er ließ die Musiker vor den völlig verblüfften Eskimos spielen und forderte seine Mannschaft auf, an Land zur Musik zu tanzen. Die Eingeborenen verfolgten das seltsame Schauspiel angeblich voller Begeisterung, gingen dann nach Hause, um eine Trommel zu holen, und tanzten anschließend vor den Weißen zu ihrem Trommeltakt. Für Davis wurde es Zeit zur Rückfahrt nach England, der nahende Winter konnte an jedem Tag zuschlagen.

1586 Schon im folgenden Jahr fuhr Davis noch einmal nach Norden, jetzt sogar mit fünf Schiffen. Aber in jenem Sommer stoppte besonders starkes Packeis die Expedition und zwang Davis zur frühzeitigen Umkehr.

1587 Ein Jahr später folgte seine dritte Reise, und Davis erreichte sogar 72° nördliche Breite. Dort oben zwangen ihn allerdings wilde Stürme zur Umkehr. Auf der Fahrt nach Süden kartierte Davis sehr genau die Küste der kanadischen Baffin-Insel und auch die Einfahrt zur Hudson-Straße. Er lobte Land und Leute überschwenglich:
»... Ich finde die Luft sehr gemäßigt und häufig sogar wunderbar warm ...
... und die Menschen sind von umgänglicher Wesensart, ganz anders als die Kannibalen, die an der Magellan-Straße und in südlichen Teilen Amerikas leben.«
Die wissenschaftlichen Arbeiten und Reisebeschreibungen von Davis waren für die damalige Zeit durchaus bemerkenswerte Leistungen, außerdem entdeckte er den Cumberland-Sund. Im Jahr 1605 wurde John Davis vor der Küste Malaysias von japanischen Piraten erschlagen. Bis heute trägt die Meerenge zwischen Grönland und Kanada den Namen Davis-Straße.

1594 Willem Barents war ein sehr erfahrener holländischer Seefahrer. 1594 wurde er von Kaufleuten aus Antwerpen beauftragt, nach der Nordost-Passage zu suchen. Von seinen vier Schiffen ließ Barents zwei im Süden von Nowaja Semlja in die Kara-See fahren, und die anderen beiden, auf einem von ihnen befand sich Barents, umrundeten erstmals das Nordkap von Nowaja Semlja. Aber der berüchtigte »Eiskessel Kara-See« zwang alle vier Schiffe zur Umkehr.

1595 Auch die Folgeexpedition von Willem Barents, ein Jahr später, wurde vom Eis der Kara-See gestoppt. Alle sieben Schiffe, die im Süden von Nowaja Semlja in die Kara-See gesegelt waren, mußten aufgeben.

1596 Nach diesen beiden Niederlagen zweifelten die Holländer an der Machbarkeit einer Nordost-Passage entlang der russischen Küste. Trotzdem gaben Kaufleute aus Amsterdam Barents eine dritte Chance im Jahr 1596 und schickten zwei Schiffe, die EISSEE und die AMSTELREDAM, mit dem konkreten Auftrag nach Norden, die Passage jetzt direkt über den Pol zu suchen. Geographen und Seefahrer glaubten immer noch an ein eisfreies Meer um den Nordpol herum. Aber Barents selbst war anderer Meinung: Der Schlüssel zur Nordost-Passage liege alleine am Nordkap von Nowaja Semlja. Niemand konnte Barents von dieser Überzeugung abbringen – und sie kostete den großen Navigator schließlich das Leben.

1607 Während die Holländer zunächst frustriert aufgaben, suchten die Engländer weiter und schickten Henry Hudson in die Nordost-Passage. 1607 glaubte Hudson auch an die Möglichkeit, den Weg direkt über den Pol zu finden. Er fuhr zunächst an der grönländischen Küste nach Norden und folgte dann der Eisgrenze in nordöstlicher Richtung bis Spitzbergen. Bevor Hudson vom Eis endgültig aufgehalten wurde, erreichte er 80°23' nördliche Breite. Nie vorher war eine Expedition so weit nach Norden gefahren.

1608 Auch im folgenden Jahr fuhr Hudson noch einmal bis Nowaja Semlja und wurde vom Eis der Kara-See gestoppt, genauso wie alle seine Vorgänger. Langsam glaubte in Europa niemand mehr an die Existenz oder Machbarkeit einer Nordost-Passage.

1609 Als aber plötzlich Franzosen mit Hudson Gespräche führten, wurde die *Niederländische Ostindien-Kompanie* doch wieder nervös. Nein, die Franzosen durften die Passage nicht finden! Also rüsteten Holländer den britischen Hudson erneut mit einem Schiff aus und schickten ihn auf die Suche. Die Expedition erreichte nicht einmal Nowaja Semlja, geschweige denn die Kara-See. Daraufhin wechselte Hudson einfach die Richtung und fuhr um die grönländische Südspitze herum zur nordamerikanischen Küste. Dort fand er die Mündung des nach ihm benannten Hudson-Flusses, an der Holländer 1626 die Hafenstadt Neu Amsterdam gründeten, das spätere New York. Nach einigen Scharmützeln mit Indianern kehrte Hudson im November 1609 nach Europa zurück, ohne der Lösung beider Passagen einen Schritt nähergekommen zu sein.

1610 Aber jetzt glaubte Hudson fest an eine Nordwest-Passage und überredete englische Kaufleute und auch den britischen Thronfolger, eine weitere Reise unter seinem Kommando zu finanzieren. Auf dieser Expedition fand Hudson eine große Wasserfläche, »die sich nach Süden und Norden unendlich weit« ausbreitete. Er hatte die nach ihm benannte Hudson-Bucht erreicht und glaubte tatsächlich, in der Südsee gelandet zu sein und damit das Rätsel der Nordwest-Passage gelöst zu haben. In der heutigen James-Bucht wurde Hudson vom Eis überrascht. Die Expedition mußte überwintern. Erst im Juni 1611 kam sein Schiff DISCOVERY wieder frei, und Hudson wollte nach Cathay weitersegeln. Aber es kam alles ganz anders; eine offene Meuterei der skorbutkranken Matrosen überlebte Henry Hudson nicht. Er wurde von den Meuterern zusammen mit seinem Sohn John und anderen Männern gefesselt in einem Beiboot ausgesetzt – und nie wieder gesehen.

1612 Die von Hudson gezeichnete Karte hatte zur Folge, daß Londoner Kaufleute eine neue Expedition unter der Leitung von James Hall in die Hudson-Bucht schickten. Hall wurde aber schon während der Anreise von grönländischen Eskimos getötet.

1613 Nach Hall folgte Sir Thomas Button im Jahr 1613. Er suchte vergeblich nach Hudson, überwinterte in der Nähe von Churchill – die Stadt gab es noch gar nicht – und kehrte schließlich ohne Erfolg nach England zurück.

1614 Nicht anders erging es William Gibbons ein Jahr später.

1615 Erst die Expedition des folgenden Jahres unter Robert Bylot mit dem sehr erfahrenen Kapitän William Baffin fand heraus, daß es sich bei der Hudson-Bucht mit großer Wahrscheinlichkeit um ein Binnenmeer ohne Ausgang nach Westen handelt.

1616 Robert Bylot glaubte jetzt fest daran, daß die Hudson-Bucht ein Binnenmeer ist, also für die Nordwest-Passage eine Sackgasse. Deshalb fuhr er – wieder zusammen mit Kapitän Baffin – im Jahr 1616 wesentlich weiter nach Norden und kartierte die Küste von Labrador. Im Logbuch dieser Reise lesen wir:
»Am zwölften Tag kamen wir auf 74° und 20' nördliche Breite zu einer großen Wasserstraße und nannten sie Sir-James-Lancaster-Sund. Hier begann unsere Hoffnung Tag für Tag zu sinken.« Was für eine Tragik; Robert Bylot, einer der Meuterer aus Hudsons Expedition, und William Baffin hatten endlich den Eingang zur Nordwest-Passage gefunden, diese Tatsache aber selbst nicht erkannt.

1619 Drei Jahre später suchten erstmals Dänen im Auftrag ihres Königs nach der Passage. Der Expe-

Auf einem Hügel gegenüber Dundas Harbor finden wir einen kleinen Friedhof mit einem halben Dutzend Gräber. Was haben die Polizisten hier am »Ende der Welt« getrieben? Wen oder was haben sie bewacht? Warum sind sie so jung gestorben? Wurden sie von der Einsamkeit bezwungen oder von Eisbären getötet? Eine Antwort finden wir nicht.

ditionsleiter Jens Munk konzentrierte sich mit zwei Schiffen erneut auf die Suche in der Hudson Bay – und verlor während der Überwinterung 61 Männer. Sein Tagebuch gehört zu den grauenvollsten Dokumenten der Nordwest-Passage-Geschichte. Nach all diesen Fehlschlägen richtete sich das Interesse wieder stärker auf die Nordost-Passage. Die Suche im Westen wurde zunächst einmal frustriert aufgegeben.

1648 Der Kosake Semjon Iwanowitsch Deschnjew führte im Jahr 1648 eine große russische Expedition mit sieben Schiffen und neunzig Männern von der Kolyma-Mündung nach Osten. Vier Schiffe gingen schon sehr bald an der arktischen Küste verloren, die Besatzungen ertranken. Aber drei Schiffe umrundeten das Ostkap der Tschuktschen-Halbinsel und segelten durch die Bering-Straße. Zwei Schiffe gingen anschließend in einem Sturm verloren, und Deschnjew erlitt zu guter Letzt auch noch Schiffbruch – aber es gelang ihm, fünfundzwanzig Überlebende an Land zu bringen und mit ihnen am Unterlauf des Flusses Anadyr einen russischen Vorposten weit im Osten zu errichten. Erst nach zwölf Jahren kehrte Deschnjew nach Moskau zurück, und sein bemerkenswerter Reisebericht landete ungelesen in einem Archiv – bis er im Jahr 1736 wieder auftauchte, also fast 100 Jahre später. Dieser Bericht lieferte die ersten konkreten Informationen über den östlichen Teil der russischen Nordmeerküste und auch den Beweis, daß Sibirien und Amerika durch eine Wasserstraße voneinander getrennt sind. Inzwischen war aber der Däne Vitus Bering durch diese Wasserstraße zwischen Asien und Amerika gefahren und galt als deren Entdecker. Das ist aber falsch, der wahre Erstbefahrer der Bering-Straße ist Semjon Iwanowitsch Deschnjew. Nach ihm ist lediglich das asiatische Ostkap benannt.

1728 Der dänische Seefahrer und Entdecker Vitus Jonassen Bering stand schon in jungen Jahren im Dienst der *Holländischen Ostindien Kom-*

panie. Seit 1722 fuhr er für die russische Admiralität und bekam 1725 den Auftrag, eine Expedition nach Kamtschatka zu unternehmen und von dort aus die vermutete Meerenge zwischen Asien und Amerika zu suchen. Im Juli 1728 segelte Bering von Kamtschatka aus nach Norden und erreichte durch die später nach ihm benannte Bering-Straße das Tschuktschen-Meer. Während der Fahrt durch die gesuchte Wasserstraße war das Wetter allerdings so schlecht, daß Bering Amerika gar nicht sehen konnte.

1734 Insgesamt war Rußland von Berings Expedition enttäuscht, er hatte zuwenig Informationen über das für Rußland so interessante Alaska mitgebracht, und der Beweis seiner Durchfahrt wurde ebenfalls in Frage gestellt. Deshalb schickte der Zar im Jahr 1734 die Große Nordische Expedition in den immer noch unbekannten Nordosten, um die Küsten des Polarmeeres und des Pazifischen Ozeans zu erkunden und zu kartieren. Vitus Bering war wieder dabei und starb 1741 während dieser zweiten Expedition an Skorbut. Von den 76 Teilnehmern überlebten nur 46 Männer.

1790 Der englische Kapitän James Knight glaubte auch fest an eine westliche Durchfahrt von der Hudson-Bucht aus. Er strandete aber mit seinen beiden Schiffen schon vor der Marble-Insel. Keine andere Mannschaft ist so rätselhaft verschwunden wie die Knight-Expedition.

1818 Sir John Ross war englischer Seefahrer und Polarforscher aus Schottland. Im Jahr 1818 wurde er von der englischen Admiralität beauftragt, die nordkanadischen Gewässer zu erforschen und durch die Baffin-Bucht eine mögliche westliche Durchfahrt zu erkunden. Der junge Marineleutnant William Edward Parry wurde zum Stellvertreter des erfahrenen Kapitäns bestellt.
Diese frühe Expedition machte bereits Grundfehler, die sich in der englischen Marine bis hin zur späteren Franklin-Katastrophe und dem Scott-Drama am Südpol fortsetzten; die Royal Navy ignorierte alle Erfahrungen ihrer Vorgänger-Expeditionen und die der Eskimos sowieso und glaubte alleine an ihre eigene Unfehlbarkeit. Die Engländer wußten damals sehr wohl, daß Eskimos bei den extrem niedrigen Temperaturen Fellkleidung trugen, die warm hielt, wasserabweisend war und schnell trocknete. Fridtjof Nansen, Roald Amundsen und Knud Rasmussen bauten ihre späteren großen Erfolge alleine auf den Eskimoerfahrungen auf; das betrifft die Ernährung und die Kleiderfrage in der Arktis ebenso wie die Technik der Fortbewegung mit Hundeschlitten. Parry glaubte damals tatsächlich noch, man könne Wagen mit Rädern über Packeis ziehen!
Ross wählte für seine Männer normale Wollbekleidung der Marine, die nur wenig Schutz vor Kälte und Wind bot und auch nur langsam trocknete, wenn ein Mann durchgeschwitzt oder gar ins Wasser gefallen war. Eskimos empfing John Ross mitten auf dem Eis in englischer Galauniform!
Dennoch segelten Ross und Parry etwa 50 Seemeilen weit in den Lancaster-Sund hinein. Als dann vor ihren Schiffen ein mächtiges »Gebirge« auftauchte, das sich im Westen quer über die weite Wasserfläche erstreckte, war Ross überzeugt, daß sie in eine Sackgasse gefahren waren. Er ließ seine Expedition nach England zurückkehren.
Aber Parry glaubte nicht an dieses »Gebirge« im Westen, er vermutete eher eine Luftspiegelung, eine für diese Breitengrade typische Fata Morgana. Diese Vermutung teilte er auch dem Marineministerium mit, das Kapitän Ross daraufhin frühzeitig in Pension schickte.

1819 Schon ein Jahr später bekam Edward Parry sein eigenes Kommando. Er segelte mit den Schiffen HECLA und GRIPER und 94 Mann Besatzung nach Norden, fand den Lancaster-Sund fast eisfrei vor und durchfuhr ihn und die Barrow-Straße problemlos bis zur Melville-Insel. Dort überwinterte die überaus erfolgreiche Expedition. Nachdem beide Schiffe im nächsten Sommer – 1820 – wieder freikamen, sichteten die Männer erstmals die Banks-Insel weit im Westen der Nordwest-Passage. Parry kehrte als Held nach England zurück und kassierte 5.000 Pfund Belohnung für die teilweise Entdeckung der Nordwest-Passage.

1819 Im selben Jahr schickte England den Marineoffizier John Franklin auf eine Überlandexpedition nach Nordkanada. Der Auftrag lautete, zur nördlichen Küste zu wandern und diese zu kartieren. Hier taucht schon wieder ein unerschütterlicher Glaube an die Allmacht der englischen Marine auf. Franklin hatte keinerlei Erfahrungen für eine Wanderung durch die Arktis, für die notwendige Jagd und das Überleben in Eis und Schnee. Nach nur 250 Kilometern Fußmarsch gab Franklin auf, sonst wären seine Männer an Hunger und Erschöpfung gestorben.

1821 Im April 1821 war Edward Parry schon wieder mit den Schiffen HECLA und FURY unterwegs nach Norden und suchte die Nordwest-Passage jetzt im Prince-Regent-Inlet. Noch während der ersten Überwinterung an der Westküste des Foxe-Beckens kaufte Parry im Jahr 1822 von den Eskimos Fellkleidung und auch ein Hundegespann. Endlich hatte ein Engländer begriffen, daß die Eingeborenen nicht primitive Wilde, sondern interessante Mitmenschen sind, von denen Weiße viel lernen konnten. Parry kleidete sich jetzt wie ein Eskimo, und er bewegte sich in der Arktis wie ein Eskimo. Über weitere Kontakte zu den Einheimischen schrieb Parry:
»Ich fürchte, von der Keuschheit der Frauen oder von dem diesbezüglichen Zartgefühl ihrer Männer können wir keinen sehr günstigen Bericht geben. Es war nicht ungewöhnlich, daß sie uns ihre Ehefrauen so unbefangen zum Kauf anboten wie ein Messer oder eine Jacke.«
Im Jahr 1825 mußte Parry das Schiff FURY im Eis aufgeben, die Expedition fuhr mit der HECLA nach England zurück.

1825 Trotz des Desasters während der ersten Überlandexpedition schickte England im Jahr 1825 John Franklin erneut nach Kanada. Mit ihm reiste auch der Arzt Dr. John Richardson. Die beiden Männer waren drei Jahre lang unterwegs und kartierten etwa 1.500 km der Nordpolarmeerküste. Nach diesem beachtlichen Erfolg wurde Franklin geadelt.

1827 Im Jahr 1827 unternahm Parry seine letzte Erkundungsfahrt – jetzt zum Pol – und segelte an Spitzbergen vorbei nach Norden. Als er auf Packeis stieß, spannte Parry sich und seine Männer vor Schlittenboote, die im Wasser schwimmen konnten und auf dem Eis gezogen werden mußten. Aber der Versuch blieb ohne Erfolg. Immerhin kam Parry von dieser letzten Expedition doch noch mit einem Rekord heim; er hatte 82° und 45' nördliche Breite erreicht. So weit war vor ihm noch kein Mensch nach Norden vorgedrungen. Nach dieser Reise wurde auch Parry geadelt.

1829 Nach der letzten erfolglosen Parry-Expedition erlosch das Interesse der englischen Marine an der Nordwest-Passage für einige Jahre. Nicht aber bei den Kaufleuten, die witterten nach wie vor das große Geschäft mit China. Der Engländer Felix Booth hatte mit seinem berühmten Gin ein stattliches Vermögen gemacht und finanzierte nun eine Reise in die Arktis, die der bei der Marine in Ungnade gefallene John Ross zusammen mit seinem Neffen James Clark Ross leiten sollte. Im Mai 1829 fuhren die beiden auf der nur 165 Tonnen großen VICTORY los. Das Schiff war erstmals auf einer Arktisexpedition sogar mit einer Dampfmaschine ausgerüstet.
Ross fuhr in den Lancaster-Sund und bog schon wenige Tage später nach Süden in das Prince-Regent-Inlet ab. Dabei segelte er direkt an der damals noch unbekannten Bellot-Straße vorbei, ohne zu erkennen, daß dieser Weg tatsächlich in die Nordwest-Passage geführt hätte. So kamen sie an die Südostküste einer Halbinsel, die sie nach dem Sponsor Boothia tauften. Dort begann der Winter. Der folgende sehr kurze Sommer entließ die VICTORY nicht aus dem Eis. Aber die Expeditionsleiter blieben während der beiden Winter nicht untätig auf ihrem Schiff, sie unternahmen weite und schwierige Erkundungsmärsche, bei denen sie die King-William-Insel entdeckten und am 1. Juni 1831 als erste Europäer auf dem magnetischen Nordpol standen.
Im Winter 1832 gab Ross sein Schiff im Eis auf und marschierte mit allen Leuten nach Norden bis Fury Point. Dort hatte Parry sein havariertes und stark beschädigtes Schiff FURY zurückgelassen. Ross und seine Männer machten zwei noch brauchbare Beiboote der FURY flott und segelten mit ihnen zurück durch den Lancaster-Sund und weiter in die Baffin-Bucht. Dort stießen sie auf einen britischen Walfänger, der die Expedition nach England zurückbrachte.

1845 John Barrow war zweiter Sekretär im britischen Marineministerium und hatte die Suche nach der Nordwest-Passage trotz der vielen Fehlschläge noch lange nicht aufgegeben. Barrow wollte es England und der ganzen Welt zeigen – und schickte im Mai 1845 John Franklin mit den beiden Schiffen EREBUS und TERROR auf eine erneute Expedition. Die Besatzung bestand aus 129 Männern – niemand überlebte diese Fahrt.

1850 In den folgenden Jahren suchten etwa 40 Expeditionen nach Franklin und seinen beiden Schiffen. Sie fanden ihn nicht, dafür aber immer mehr Teilstücke der Nordwest-Passage, so daß dieser nördliche Seeweg schließlich wie ein Puzzle zusammengesetzt werden konnte. Das britische Marineministerium hatte inzwischen 20.000 Pfund Belohnung für das Finden der Nordwest-Passage ausgeschrieben. Die Hälfte dieser Summe wurde Robert McClure zugesprochen, der 1850 von der Bering-Straße aus in die Passage gesegelt war. Während dieser Fahrt entdeckte McClure die Prince-of-Wales-Straße zwischen Banks-Insel im Norden, dem Bering-Land im Süden und dem Prince-Albert-Land. Während sein Schiff, die INVESTIGATOR, im Eis festsaß, fuhr McClure mit Schlitten weiter nach Osten und erreichte in der Barrow-Straße einen Punkt, den schon Parry Jahre vorher angelaufen hatte. Damit war die Passage zwar noch nicht durchfahren, ihre Existenz aber endlich bewiesen.

1853 In diesem Jahr segelte der Amerikaner Elisha Kent Kane nach Norden, um sich an der Suche nach Franklin zu beteiligen. Kane war ein Anhänger der Theorie vom offenen Polarmeer und interessierte sich für den Seeweg nach China direkt über den Pol mehr als für Franklin und sein rätselhaftes Verschwinden. Deshalb fuhr er am Lancaster-Sund vorbei weiter nach Norden in das große Becken hinein, das heute seinen Namen trägt. In einer Bucht an der westgrönländischen Küste mußte Kane im Packeis zweimal überwintern. Nur durch Hilfe der Etah-Eskimos, die den weißen Männern halfen und ihnen auch Fleisch brachten, konnte die Expedition gerettet werden und schließlich in drei kleinen Beibooten Upernarvik und damit die europäische Zivilisation erreichen.

1857 Der britische Marineoffizier Leopold McClintock hatte bereits 1853 mit Schlitten nach Franklin gesucht. Im Jahr 1857 brach er zu seiner zweiten Suchexpedition auf, kaufte in Grönland Hunde und reiste mit ihnen nach Norden. Erst nach zwei Überwinterungen erreichte McClintock die King-William-Insel und fand dort in einem Steinhaufen die erste und einzige schriftliche Nachricht von Franklins Expedition, die den Tod des Expeditionsleiters und das Verlassen der beiden Schiffe bestätigte.

1860 Der Amerikaner Isaac Israel Hayes war bereits als Schiffsarzt zusammen mit Kane im Norden gewesen. Im Jahr 1860 brach er mit seiner eigenen Expedition auf, um endlich das offene Polarmeer im Norden zu finden, an dessen Existenz er noch immer fest glaubte. Hayes wollte mit dem kleinen Schoner UNITED STATES im Smith-Sund mindestens bis 80° Nord fahren und dann ein noch kleineres Boot über das Packeis zum offenen Polarmeer ziehen, um mit ihm schließlich den Pol zu erreichen. Aber so leicht funktionierte das alles nicht. Hayes geriet zuerst

in schwere Stürme und dann in undurchdringliches Packeis. Er mußte bereits in Etah überwintern und unternahm von dort aus verschiedene Schlittenreisen nach Norden. Das offene Polarmeer fand er nicht, behauptete das aber felsenfest in seinem Buch, das 1867 erschien:
»Hier mag es genügen, wenn ich sage, daß alles darauf hinwies, daß ich an den Ufern des Polarbeckens stand und daß der breite Ozean zu meinen Füßen lag. Ich war überzeugt, daß innerhalb eines Monats dieses ganze Meer ebenso frei von Eis sein werde, wie ich das Nord-Wasser der Baffin-Bucht gesehen hatte.«

1869 Auch in Deutschland glaubten namhafte Wissenschaftler an das offene Polarmeer, so zum Beispiel Dr. August Petermann. Auf seine Empfehlung starteten im Jahr 1869 zwei deutsche Schiffe, um das offene Polarmeer im Norden der grönländischen Ostküste zu suchen. Kapitän Carl Koldewey fuhr mit der HANSA und der GERMANIA in den Nordosten Grönlands. In einem fürchterlichen Sturm wurden die beiden Schiffe getrennt. Die HANSA sank, aber die Besatzung konnte sich auf eine Eisscholle retten und trieb auf dieser 200 Tage lang nach Süden, bevor sie von den Herrnhuter Brüdern in Südgrönland gerettet wurden. Koldewey fuhr indessen mit der GERMANIA bis 75° nördliche Breite und dann mit einem Schlitten sogar bis 77°. Dort kehrte die Expedition, der auch der Österreicher Julius Payer angehörte, um.

1871 Diese zwar erfolglose deutsche Expedition ermunterte den Amerikaner Charles Francis Hall zu seiner dritten Arktisreise. Hall reiste 1871 im Auftrag des amerikanischen Kongresses mit der POLARIS nach Norden. Die Mannschaft bestand aus Amerikanern und Deutschen. Im Kane-Becken erreichte Hall 82° 11' nördliche Breite. Weiter im Norden war bisher noch kein Schiff gewesen, aber vor Hall gab es kein offenes Polarmeer, sondern nur gewaltige Eismassen bis zum Horizont. Die Expedition entschloß sich zur Überwinterung, und Hall wollte im nächsten

Renate Weyer spielt mit einem Schlittenhund in Resolute Bay. Die Tiere gelten als gefährlich, wir haben andere Erfahrungen gemacht. Meist betteln die Hunde nur leidenschaftlich um Streicheleinheiten.

Frühjahr mit Schlitten weiter zum Pol reisen. Kapitän Sidney Buddington war allerdings gegen diese Schlittenfahrt und drängte zur Rückkehr. Hall hielt aber an seinem Plan fest und erkundete zusammen mit seinem Eskimo Hans Hendrik die Eisbarriere im Norden. Am 24. Oktober kam er von seiner Exkursion zurück und bat um eine Tasse Kaffee. Hall trank die Tasse aus, wurde krank und starb zwei Wochen später.

Jetzt übernahm Kapitän Buddington auch die Expeditionsleitung. So war es vorher mit Hall abgesprochen. Buddington wollte nach dem Winter heimfahren, aber das Eis hielt die POLARIS auch noch während des nächsten Sommers fest. Mitte Oktober setzten plötzlich sehr starke Eispressungen ein, und alle glaubten an den raschen Untergang des Schiffes. Deshalb sprangen 18 Männer auf das Packeis, und die restliche Besatzung warf ihnen Lebensmittel und Ausrüstung zu. Während dieser Arbeiten kam die POLARIS völlig unerwartet frei und trieb ab. Aber niemand an Bord kümmerte sich um die 18 Männer auf dem Eis. Die Entfernung zwischen ihnen und dem Schiff vergrößerte sich rasch. Bald war die POLARIS außer Sicht und die Menschen auf der Scholle alleine. Über ein halbes Jahr lang trieben sie, Amerikaner, Deutsche und Eskimos, bei ständigen Temperaturen unter minus 40 Grad Celsius etwa 3.000 km weit nach Süden, bis die Überlebenden dieses Dramas Ende April 1873 von einem Dampfschiff vor der Küste Labradors endlich gerettet wurden.

Kapitän Buddington hatte tatsächlich keinen Versuch unternommen, die Unglücklichen von der Scholle zu retten und zurück an Bord zu holen. Buddington erreichte schließlich Etah und überwinterte dort, bevor er nach Amerika zurückkehren konnte.

Charles Francis Hall, der ein großartiger Eskimokenner war und ihre arktische Lebensweise voll beherrschte, hatte zwar den Rand des Polarmeeres erreicht und festgestellt, daß es total zugefroren war, seine eigene Expedition aber nicht überlebt. Hundert Jahre später, 1971, öffnete der englische Professor Chauncey Loomis das Grab von Hall, entnahm der mumifizierten Leiche Haar- und Fingernagelproben und schickte diese in ein wissenschaftliches Institut nach Toronto. Das Ergebnis der Untersuchungen bestätigte den lange gehegten Verdacht: Hall war an Arsenvergiftung gestorben. Also doch – Mord im Eis!

1872 In diesem Jahr startete die Österreichisch-Ungarische Nordpol-Expedition auf der TEGETTHOFF unter der Leitung von Leutnant Karl Weyprecht und Oberleutnant Julius Payer, um die Nordost-Passage endlich zu durchfahren. Julius Payer war schon auf der deutschen Koldewey-Expedition mit dabei. Aber das Schiff geriet schon sehr früh ins Eis, mit dem es zwangsläufig nach Norden driftete. Im August 1873 wurde während der unfreiwilligen Eisdrift zufällig das Kaiser-Franz-Joseph-Land entdeckt.

1878 Im Jahr 1878 startete der Schwede Adolf Erik Nordenskiöld mit dem Expeditionsschiff VEGA seine erfolgreiche Reise in die Nordost-Passage. Ende Juli passierte er Nowaja Semlja im Süden, erreichte so die Kara-See und schließlich auch die Laptew-See. 300 km vor der Bering-Straße mußte Nordenskiöld überwintern. Mitte Juli 1979 gab das Eis die VEGA wieder frei, und Nordenskiöld konnte ohne Probleme nach Japan weiterfahren. Damit war die Nordost-Passage zum ersten Mal in ihrer gesamten Länge erfolgreich durchfahren.

1879 Die VEGA mit Nordenskiöld war noch nicht in der Bering-Straße angekommen. Eine amerikanische Zeitung machte sich deshalb Sorgen und schickte das Schiff JEANNETTE unter Kapitän De Long auf die Suche. Bis heute ist unklar, ob es dem Zeitungsverleger wirklich um die Rettung von Nordenskiöld und seiner Männer ging – derselbe Verleger hatte wenige Jahre vorher mit großem Erfolg in Afrika nach Livingstone suchen lassen – oder eher um die Erhöhung der Auflage seiner Zeitung. Die JEANNETTE fand weder die VEGA noch Nordenskiöld, geriet statt dessen selbst in arge Bedrängnis und sank. Die Mannschaft schlug sich zu Fuß und in Rettungsbooten nach Sibirien durch. Von den 33 Männern der JEANNETTE-Expedition überlebten nur 13. Kapitän De Long war nicht unter ihnen.

1893 Im Juni 1884 fanden Eskimos auf einer Eisscholle vor Südgrönland eine Holzkiste mit der Aufschrift JEANETTE. Sie muß also in wenigen Jahren über das zugefrorene Polarmeer von Ost nach West gedriftet sein. Diese sensationelle Nachricht löste in dem jungen norwegischen Polarforscher Fridtjof Nansen eine geniale Idee aus. Was mit der Kiste geschehen war, konnte doch genauso auch mit einem Schiff passieren. Nansen ließ die berühmte FRAM so bauen, daß sie bei Eispressungen wie eine Nußschale nach oben gedrückt wurde, also vom Eis gar nicht zerquetscht werden konnte.

Im Juni 1893 verließ Nansen mit der FRAM und 12 Männern Oslo. Er folgte Nordenskiölds Route bis zu den Neusibirischen Inseln. Im September fror die FRAM im Packeis fest. Nun glaubte Nansen, die Drift würde sein Schiff zum und über den Pol treiben. Aber genau das geschah nicht. Drei Jahre lang blieb die FRAM im Eis, driftete erst nach Nordwesten und dann nach Südwesten in Richtung Spitzbergen. Nansen erkannte bald, daß er mit der Drift nie den Nordpol erreichen konnte. Deshalb verließ er zusammen mit Hjalmar Johansen das Schiff und versuchte, mit einem Hundegespann zum Pol zu fahren. Aber vergeblich. Die Eisdrift war gegen ihn. Bei 86° 13' gaben die beiden Männer auf und zogen sich nach Süden zurück. Nach einer Überwinterung in Franz-Joseph-Land (in einem Erdloch) erreichten sie Norwegen fast zeitgleich mit der FRAM. Vorher hatte es nie eine Arktisexpedition mit größerer wissenschaftlicher Ausbeute gegeben als diese. Fridtjof Nansen wurde in Norwegen zum Nationalhelden und international zu einem der kompetentesten Arktisforscher. Selbst Scott konsultierte vor seiner tragisch endenden Südpolreise Fridtjof Nansen, um sich von ihm Ratschläge zu holen (die er aber leider nicht beachtete).

1903 Nach diesen Träumen vom Nordpol war die Nordwest-Passage immer noch nicht durchfahren. Das gelang schließlich Roald Amundsen, der Franklin genauso verehrte wie sein ganz großes Vorbild Nansen. Als Amundsen 1903 fast mittellos – und auch noch unbekannt – mit dem winzigen, nur 21 m langen und 47 t großen Walfänger GJØA in die Nordwest-Passage aufbrach, war der spätere Südpolheld erst 29 Jahre alt. Aber Amundsen hatte bereits sein Kapitänspatent in der Tasche und den unbeugsamen Willen, ein berühmter Polarforscher zu werden.

Natürlich gehört auch ein Wegweiser an so einen ausgesetzten Ort wie Resolute Bay in der Nordwest-Passage. Tröstlich zu wissen, daß der Südpol, an dem es noch kälter und windiger ist, 11.368 Meilen entfernt ist. Zur eigenen sicheren Orientierung dient die obere Tafel mit dem Pfeil: You are here!

Menschen aus der Nordwest-Passage. Während die Jugend bereits im Internet surft, leben die alten Menschen noch in ihrer Tradition als Jäger und Fänger. Diese Frau wurde vermutlich geboren, als Roald Amundsen die Nordwest-Passage durchfuhr.

Die Beechey-Insel in der Morgensonne. Sie zeigt uns erste Spuren der tragischen Franklin-Expedition. Die berühmten einsamen Gräber in der Arktis (folgende Doppelseite) liegen wenige Schritte oberhalb der kleinen Eisberge am linken Bildrand. Kein anderer Ort in der Nordwest-Passage kann den Reisenden mehr erschüttern und gleichzeitig stärker faszinieren als diese öde Insel aus Steinen, Steinen, Steinen.

Die Beechey-Insel liegt zwischen dem Lancaster-Sund und dem Wellington-Kanal. Sie wurde im Jahr 1819 von Sir William Edward Parry entdeckt und nach dessen Erstem Offizier Frederick William Beechey benannt.

SWL 0.2 TON

THOMAS MORGAN, A.B.
H.M.S. INVESTIGATOR
DIED ABOARD THE
H.M.S. NORTH STAR
BEECHEY ISLAND
22ND MAY, 1854

Die Toten von Beechey wurden 138 Jahre nach ihrem Sterben, 1984, von dem Anthropologen Dr. Owen Beattie aus ihren eiskalten Gräbern exhumiert. Anschließend stellten Wissenschaftler in Gewebeproben der Leichen einen besonders hohen Bleigehalt fest. Waren diese Männer an einer Bleivergiftung gestorben? Einen Beweis für diese Vermutung gibt es bis heute nicht. Nach der Schließung der drei Gräber wurden neue Grabplatten vor die alten historischen gestellt.

SACRED TO
THE MEMORY OF
WILLIAM BRAINE, R.M.,
H. M. S. EREBUS
DIED APRIL 3D, 1846
AGED 32 YEARS
'CHOOSE YE THIS DAY WHOM YE
WILL SERVE'
JOSHUA, CH. XXIV., 15.
THIS MARKER IS A REPLICA.
THE ORIGINAL IS HOUSED AT THE
PRINCE OF WALES
NORTHERN HERITAGE CENTRE.
YELLOWKNIFE, N.W.T.
1993

Das Northumberlandhaus auf der Beechey-Insel wurde nicht von Franklin gebaut, sondern von Pullen während seiner Suchexpedition im Jahre 1852. Hier wurden Ausrüstung und Proviant in der Hoffnung zurückgelassen, daß Franklin noch am Leben sei und das Haus finden würde. Die totale Verwüstung des Northumberlandhauses stammt vermutlich von Eisbären.

Und die Heuer war die doppelte einer gewöhnlichen Reise gewesen. Aber kaum dies, sondern das Unbekannte hatte ihn gelockt. Wie sah es im Norden von Asien aus? Wo kam das Eis her? Was war mit dem legendären Kältegürtel, den die Riesenströme passierten? … Er glaubte nicht an das Nadelöhr Waigatsch zwischen Insel und Festland. Wer wußte denn, ob nicht etwa hinter der Waigatsch ein Binnensee läge, rings eingeschlossen von Land, eine Mausefalle, wie? Wo gäbe es denn dann einen Durchschlupf nach China?

Herbert Friedrich über Willem Barents

Ein Leben für die Nordost-Passage – Die letzte Reise des Willem Barents

20. Juni 1597 *… Claes Adrianson* (der Untersteuermann) *wurde plötzlich schwerkrank, und wir erkannten, daß er nicht mehr lange leben würde, und der Oberbootsmann kam in unsere Schaluppe und erzählte uns, in welcher Verfassung er sei und daß er nicht mehr lange zu leben hätte; woraufhin Willem Barents sprach und sagte, »ich denke, daß ich nicht viel länger als er leben werde«; und dennoch hielten wir Willem Barents nicht für so krank, denn wir saßen mit ihm zusammen und unterhielten uns und sprachen über viele Dinge, und Willem Barents betrachtete meine kleine Karte, die ich für unsere Reise angefertigt hatte; schließlich legte er sie beiseite und wandte sich zu mir und sagte, »Gerrit, gib mir zu trinken«, und sobald er getrunken hatte, ergriff ihn so eine Übelkeit, daß sich seine Augen verdrehten und er auf der Stelle starb, und wir hatten nicht mehr die Zeit, den Master der anderen Schaluppe zu holen, um zu ihm zu sprechen; und so starb er noch vor Claes Adrianson.*

Gerrit de Veer

Gegen Ende des 16. Jahrhunderts zeigte auch die holländische Regierung großes Interesse an der endlichen Auffindung eines nördlichen Seeweges nach China und setzte stolze 25.000 Gulden Belohnung für die erste Durchsegelung der Nordost-Passage aus.

Willem Barents war der bekannteste holländische Seefahrer jener Zeit, er bekam 1594 das Kommando über vier Schiffe, die auf zwei unterschiedlichen Routen die Nordost-Passage erkunden sollten.

Zwei Schiffe suchten den Weg nach Osten im Norden von Nowaja Semlja und zwei fuhren im Süden der Doppelinsel zwischen der Insel Waigatsch und dem russischen Festland durch die Jugor-Straße (die von den Holländern »Straße von Nassau« genannt wurde) in die westliche Kara-See. Die Kapitäne dieser »Südroute« glaubten schon, mit dem Erreichen der Kara-See die Passage nach China gefunden zu haben. Wie weit es von dort noch bis zum ersehnten Ziel ist, ahnten die Männer und auch ihre Auftraggeber damals noch nicht.

So wurde im Folgejahr 1595 eine neue Expedition ins Eismeer geschickt, an der Barents wieder teilnahm. Aber gewaltige Eismassen blokkierten die Schiffe schon vor der Einfahrt in die Kara-See und zwangen die Kapitäne zur frühen Umkehr.

Barents' dritte und letzte Reise begann 1596 mit zwei Schiffen, der EISSEE – auf der Barents fuhr – mit dem Kapitän Jacob van Heemskerck und der AMSTELREDAM unter Kapitän Jan Cornelis Rijp.

Beide Schiffe waren voll beladen mit Kaufmannsgut, das in China mit reichlich Gewinn gegen

Gold, Silber und Seide getauscht werden sollte. Der Auftrag von den holländischen Handelsherren lautete sehr präzise:
»Die beiden Schiffe fahren so nördlich wie nur möglich!«
Das bedeutete im Klartext: über den Nordpol nach China!

Schon bald nach der Ausfahrt gab es ersten Streit zwischen den beiden Kapitänen und Willem Barents. Drei eigenwillige Männer verfolgten drei unterschiedliche Routen; Barents glaubte fest an *seinen* Weg nördlich um Nowaja Semlja herum, Heemskerck sah die einzige Möglichkeit in der »Straße von Nassau« (Jugor-Straße) und Rijp wollte – wie befohlen – über den Pol nach China.
Schließlich erzwangen Heemskerck und Barents eine Kompromißlösung; auf 70° nördliche Breite willigten sie ein, weitere fünf Tage nach Nordost zu fahren und – sollte Eis den Weg im Norden versperren – dann weiter nach Südost, also nach Nowaja Semlja, auszuweichen.
Einen Tag später, es war Anfang Juni, sahen sie das erste Packeis. Am nächsten Tag erreichten die beiden Schiffe 74° Nord. Und wieder pirschte sich das Eis heran. Aber das war erst die Vorhut! Die Männer standen stumm an Deck – wie in einer vom Feind belagerten Stadt. Als die blendendweiße Umklammerung immer dichter wurde und sich mächtige Schollen den Schiffen entgegenwarfen, sprach Barents mit ruhiger Stimme:
»Ich denke, es ist nun an der Zeit, Kurs auf Nowaja Semlja zu nehmen.«
In diesem Moment rief der Volontär Gerrit de Veer:
»Admiral, südlich von uns liegt eine Insel!«

Die beiden Schiffe erreichten die unbekannte Felsinsel erst nach vierundzwanzig Stunden, und sie war öde, schroff und ganz von Treibeis umgeben. Aber Willem Barents stand stolz an der Reling und wußte: Diese düsteren Felsen sind auf keiner Seekarte verzeichnet. Wir sind die Entdecker! Barents war zufrieden.
Schwärme von Möwen kreisten vor den steilen Klippen, Seehunde lagen auf treibenden Eisschollen in der Sonne. Barents wurde in diesem Moment ganz vom Fieber der Entdeckung gepackt, er steuerte eine von beiden Schiffsmannschaften geruderte Pinasse sicher zwischen den gefährlichen Felsvorsprüngen in ruhiges Uferwasser und setzte das Boot auf den groben Kies. Hoch über den Männern wirbelten unzählige Vögel – einer weißen Wolke gleich – vor der hohen schwarzen Steilwand.
In diese Felswand kletterten jetzt die Männer, um Möweneier zu holen, schmackhafte Eier von kräftigen Raubmöwen. Sie brauchten die Leckerbissen nur einzusammeln. Und dann hallte ein alarmierender Schrei durch die so froh gestimmte Szene:
»Ein Bär, ein Bär!«

Ein mächtiger Eisbär stand plötzlich genau dort, wo die Felswand aus dem Schnee heraus in den Himmel stieg. Barents wußte, daß die Pinasse schlecht bewaffnet war; nur zwei Hellebarden, drei Beile und eine Muskete befanden sich in dem Boot. Er rannte zurück zum Strand und feuerte mit der Muskete in die Luft. Der Schuß hallte und rollte unheimlich in den Uferfelsen.
Alle Männer hatten den Ruf und auch den Schuß gehört, die Gefahr erkannt – und sie rannten jetzt stolpernd runter zum nahen Wasser.
»Schnell ins Boot!« schrie der Steuermann.
»Alle da?« fragte Barents hastig.
Kapitän Heemskerck keuchte im Lauf:
»Ich bin der letzte«.
In diesem Augenblick tauchte der Bär hinter den Blöcken auf, blieb verdutzt stehen und starrte sichtlich verunsichert auf die Männer.
»Boot ab«, befahl Barents erleichtert. Die Riemen tauchten gleichmäßig ins Wasser.
»Hooghwout fehlt. Hooghwout von der AMSTELREDAM«, sagte einer der Männer tonlos. Und dann hörten sie den Hilferuf vom Fuß des Vogelfelsens. Auch der Bär hatte diesen entsetzlichen Schrei gehört und seinen schweren Kopf langsam und bedächtig in die Richtung gedreht, aus der er den fremdartigen Laut vernommen hatte. In diesem Moment riß der Bootsmann Duncker Jans dem neben ihm stehenden de Veer die Hellebarde aus der Hand und sprang über das Heck in seichtes Wasser.
Barents stoppte das Boot durch ein kurzes Kommando. Jetzt sprang auch Heemskerck über Bord und watete laut fluchend an den Kieselstrand.
Duncker hatte inzwischen den jetzt nach zwei Seiten witternden Bären erreicht. Mit aller Kraft stieß er die Spitze seiner Hellebarde in die schwarze Schnauze des verdutzten Tieres. Der Bär richtete sich trotz der gräßlichen Verletzung auf, bereit, den tapferen Bootsmann in seine tödliche Umarmung zu nehmen. Aber Duncker sprang rechtzeitig zur Seite und rannte zum Boot zurück. Der wütende Bär folgte ihm und schien den um Hilfe rufenden Mann unter der Felswand ganz vergessen zu haben. Duncker lief jetzt um sein eigenes Leben, das er eben für den Freund vom anderen Schiff eingesetzt hatte – und gewann. Heemskerck schoß, traf aber nicht. Trotzdem blieb der erschrockene Bär stehen, und Duncker gewann einige Meter Vorsprung. Endlich erreichte er das rettende Boot und wurde von den wartenden Männern hineingezogen.
Die Pinasse legte ab, der Bär sprang hinterher ins Wasser, tauchte und schwamm.
Heemskerck schlug mit dem Kolben seiner Muskete auf das Tier ein, die erste Hellebarde zersplitterte. Das Wasser wogte und färbte sich rot, der Bär spuckte wütend Blut – und starb. Inzwischen war das Beiboot der AMSTELREDAM am Strand gelandet. Die Männer fanden Hooghwout zwischen zwei Felsblöcken tief im Schnee stecken. Der Mann war ganz oben gewesen, hatte viele Eier eingesammelt. Auch er hatte den Warnruf gehört. Beim hastigen Runterklettern war der Seemann abgerutscht und bis zu den Schultern im Schnee versunken. Alleine hätte er sich nicht befreien können, und ohne den beherzten Duncker wäre er sicher ein Opfer des Bären geworden – nur ein weiteres auf der endlosen Suche nach der Nordost-Passage.

Stunden später waren beide Mannschaften auf der EISSEE versammelt und leerten Becher um Be-

cher Branntwein auf das Wohl ihrer Schiffer Rijp und Heemskerck und auch auf den Bootsmann Duncker Jans. Ihren Expeditionsleiter Willem Barents nannten sie Admiral – und das neu entdeckte Land Bäreninsel.
Barents wies auf die Insel und sagte völlig selbstsicher zu Kapitän Rijp:
»Bäreninsel wird sie immer heißen – und davon liegen noch mehr im Norden. Schauen wir also nach!«
Rijp zuckte bei dem Wort Bäreninsel etwas zusammen und schaute finster auf einen Mann, der sich, an die Reling gelehnt, den Branntwein direkt aus der Kanne in den Hals goß.
»Wer besauft sich da auf Eurem Schiff!« stieß Rijp tonlos hervor.
Heemskerck legte seinem Freund die Hand auf den Arm:
»Jener Säufer ist *der* Mann, der den anderen vor dem Bären gerettet hat. Laß ihn doch saufen – an so einem Tag!«
Aber Rijp hörte gar nicht zu, seine Gedanken waren ganz woanders. Bäreninsel, nicht Rijpland, das hatte ihn getroffen!
Natürlich war vorher die Rede von der neu entdeckten Barents-Insel aufgetaucht. Aber war es nicht Rijp gewesen, der nach Norden gedrängt hatte? Warum sollte Barents die ohnehin schon bestehende Kluft zwischen ihm und dem Kapitän weiter aufreißen! Es ging ja gar nicht darum, daß dieser Felsen im Meer *seinen* Namen trug. Unsterblich würde er erst werden, wenn er die Passage fand. Und dazu brauchte Barents auch den Kapitän Rijp.

Die fünf Tage Frist waren noch nicht verstrichen, da tauchte am 19. Juni neues Land vor den beiden Schiffen auf; Gletscher und dahinter spitze Berge! Eine Bucht öffnete sich, so daß sie bald ganz vom Land eingeschlossen zu sein schienen. Es war ein schroffes, wildes Land. Die Berge und Gletscher leuchteten in der Sonne und in allen Farben, und die Konturen, selbst in der Ferne, erschienen in einer ganz unwirklichen Schärfe und Klarheit. Die wilde Schönheit des neu entdeckten Landes beeindruckte die nüchternen und hartgesottenen Seemänner. Nachts bewunderten sie die intensiven Farben unter der hochstehenden Sonne, und am Tag schliefen sie. Wer konnte noch genau sagen, ob es Tag oder Nacht war?
Und dann fuhren sie zu diesem neuen Land. Gras gab es da und winzige Blumen. Pflanzen, Gräser, Kräuter, frisches Grün für die Zähne! Und Gänse; Rotgänse. Sechzig Gänseeier sammelten die überglücklichen Männer in nur einer Stunde. Ohne auf ernsthafte Eisbarrieren zu stoßen, war Barents bis fast 80° vorgestoßen. Und da blühten Blumen, und Rotgänse brüteten in der Sonne! Sollte Rijp doch recht haben mit dem warmen und eisfreien Polarbecken?!
Duncker sprach als erster den Namen aus, der hier in der Luft lag: Rijpland!
Aber Barents wollte auch jetzt nicht, er nannte das neu entdeckte Land Spitzbergen.

Heute wird vermutet, daß Wikinger lange vor Barents Spitzbergen erreicht haben, und Russen glauben, daß die Pomoren von den Küsten um das Weiße Meer herum eventuell schon vor den Wikingern, spätestens aber im 16. Jahrhundert, die Inselgruppe besucht haben und dort auf die Jagd gegangen sind.
Barentsland wäre ein möglicher, ein logischer Name gewesen. Aber verdankte Willem Barents diese Entdeckung nicht wirklich dem Kapitän Rijp, der seinen Auftrag alleine auf der Nordroute sah? Nein, Rijpland, das wäre zuviel Ehre für diesen Mann, durch den Barents schon viele wertvolle Wochen vergeudet hatte. So kam es zu dem Kompromiß: Spitzbergen.
Fünf Tage hatte Barents dem anders denkenden Kapitän zugebilligt, jetzt waren es bereits siebenundzwanzig geworden. Deshalb drängte Willem Barents zur Eile und berief den Schiffsrat auf die EISSEE ein.

»Ich kann mir langes Reden sparen. Vor vier Wochen haben wir am selben Tisch gesessen und unser Vorgehen festgelegt. Im Norden liegt unbekanntes Land, ein weiteres Vordringen ist da nicht möglich. Deshalb wenden wir jetzt unseren Bug auf Nowaja Semlja zu.«
Barents hatte sehr ruhig und bestimmt gesprochen. Aber Rijp bebte innerlich und antwortete gereizt:
»Ich bin nicht einverstanden!«
Barents stand auf und sagte kalt:
»Wer reden möchte, überlege sich vorher, was er sagen will. Ich habe keine Zeit mehr, mir hitziges Gezänk anzuhören. Wir sind ausgesandt, nicht um Spitzbergen zu erforschen, sondern um die Durchfahrt zu finden. Wollen wir das, dann muß es jetzt sein, ohne Verzögerung. In acht Wochen können wir in China sein!«
Und dann sprach Barents an Rijp gewandt weiter:
»Wenn Sie auf eigene Gefahr und Verantwortung mit Ihrem Schiff AMSTELREDAM den Seeweg nach China in der Höhe von Spitzbergen suchen wollen, dann entbinde ich Sie Ihrer Pflicht, unter meinem Kommando zu segeln. Nehmen Sie an?«
»Ja«, sagte Kapitän Jan Cornelis Rijp.
Barents sprang auf und blickte ruhig in Rijps Gesicht:
»Leben Sie wohl, Jan Cornelis. Gott schenke Ihnen eine gute Reise!«
Inzwischen schrieb man den 1. Juli. Die Schiffe EISSEE und AMSTELREDAM trennten sich.

»He, Barents ist unser Steuermann,
der beste von dem Land,
der geht Kap Tabin an.
Darum wagt er sein Leben und Gut,
bis daß er China finden tut ...«

So sangen sie voller Stolz auf der EISSEE und waren guter Dinge. In wenigen Wochen – das hatte Barents ja gesagt – würden sie in China sein!
Aber schon am 8. Juli überfiel grausame Kälte das Schiff. Reif und Frost trafen sie mit voller Wucht. Die gewaltige Doppelinsel Nowaja Semlja kündigte sich an, abweisend, gefährlich. Sie schickte ihr erstes Eis aus, damit es einen Riegel vor die Festung legen konnte. Dann kamen Bären auf Schollen, sie kamen wie unheimliche Kundschafter. Und dichte Nebelschleier! Danach schlug das Eis zu und hielt Schiff und Mannschaft fest, sieben

Eisbären stehen heute in der gesamten Arktis unter strengem Naturschutz. Nur die Eskimos bekommen Sondergenehmigungen von ihren Regierungen, um bestimmte Quoten zu jagen. Die Tiere gelten als gefährlich und aggressiv, als Schiffspassagier erleben wir die Eisbären eher zutraulich, neugierig und ohne jeden Respekt vor unserer lauten und gewaltig großen Technik.

Tage lang – als Vorwarnung. Endlich erreichten sie bei 77° das berüchtigte Eiskap im Norden von Nowaja Semlja. Von dort aus sollte es durch die Kara-See direkt nach China weitergehen. Aber war das alles wirklich so einfach? Noch war kein Seefahrer vor ihnen diesen Weg gefahren.
Unvermittelt kam die erste Drohung aus der Kara-See: Es donnerte, das Schiff bebte wie von Geschossen getroffen. Ein Eisberg rammte gegen die Reling, schäumend schlug das kalte Wasser um die Galion.
Am Eiskap gingen die Männer an Land – und Willem Barents sah das große Himmelszeichen im Westen. Er alleine verstand die Warnung; die Sonne ging jetzt unter, der Polarsommer neigte sich dem Ende zu. Am 26. August fanden sie ihren Eishafen – und die Falle schlug zu! Das Eis drängte heran und preßte das Schiff mit gewaltigen Kräften in die Höhe. Die Insel schien mit ihrer sicheren Beute zu spielen. Am 1. September hielten die Männer einen Gottesdienst ab. Untersteuermann Claes Adrianson sprach die Gebete. Barents stand dabei mit verkniffenem Mund. Statt Glocken hörten sie nur das Krachen des Eises. Und noch ehe Claes am Ende war, ruckte das Schiff in die Höhe und legte sich leicht auf die Seite.
»Die Boote an Land!« schrie Barents.
Dann folgte ein ruhiger Tag, und Barents ließ alle Männer an Deck kommen.
»Wir müssen über dem Ufer eine Hütte bauen und dort den Winter verbringen.«
Wort für Wort hatte sich Barents abgerungen, mit düsteren Augen und ergrauten Schläfen.
China war in diesem Moment für ihn – und für Holland – verloren!

Der Winter dauerte bis Mitte Juni 1597. Barents war in der Polarnacht erkrankt und schrieb seinen letzten Brief wenige Tage vor der geplanten Heimreise in zwei Beibooten:
»... Wir sind von den Bürgermeistern von Amsterdam ausgesandt, Anno 1596, um über den Norden nach den Landen von China zu fahren ... Nach großer Mühe und keiner geringen Gefahr sind wir gekommen an die Ostküste von No-

Schlauchbootfahrten an Gletscherkanten entlang gehören zu den faszinierenden Erlebnissen in der Arktis. Das Bild entstand mitten in der Nacht vor einem Gletscher im Norden von Spitzbergen.

waja Semlja im Glauben, also an der Küste von Tatarien längs segeln zu können nach den vorgeschriebenen Ländern und sind endlich gekommen auf diesen Platz am 26. August des obengenannten Jahres, allwo unser Schiff, nachdem wir uns so tapfer gewehrt hatten, endlich im Eis festlag. So waren wir gezwungen, ein Haus zu bauen, um unser Leben den Winter über darin zu sichern in dieser großen Kälte. Im Haus gewohnt vom 12. Oktober 1596 den ganzen Winter über bis zum 13. Juni. Dann, da unser Schiff noch immer fest im Eis eingeschlossen lag, mit Pinasse und Bock von hier gesegelt, um wieder nach Hause zu kommen. Unser Gott möge uns auf dieser Reise beistehen und uns mit Gesundheit in unser Vaterland zurückbringen. Amen. Nota. Dieses Kap, bei dem wir waren, liegt ungefähr auf 76° nördliche Breite. Nowaja Semlja, Wind von Süd und West …«

Diesen Brief ließ Willem Barents ganz bewußt in der Winterhütte. Er war nicht für die Kaufleute in Amsterdam bestimmt – sie waren ja auch gar nicht erwähnt, sondern nur die Bürgermeister. Der Brief war alleine für *den* Entdecker bestimmt, der Barents Weg an dieser ausgesetzten Stelle fortsetzten würde. Barents glaubte fest an *seinen* Weg. Nie vorher hatte Heemskerck die wahre Größe des Willem Barents so begriffen wie in diesem Augenblick. Er packte selbst mit an, als sie Barents aus dem Winterhaus zum Boot trugen. Barents und Adrianson überlebten die Heimreise nicht. Der Rest der Mannschaft erreichte Holland 1597. Ein Jahr später veröffentlichte Gerrit de Veer seinen Expeditionsbericht.
Die Überreste von Barents' Winterlager auf Nowaja Semlja wurden erst im Jahr 1871 vom Kapitän eines norwegischen Robbenfangschiffes zufällig entdeckt.

Diese unzähligen Blauschattierungen fand ich an einer Gletscherfront im nördlichen Nowaja Semlja, in der nur selten von Touristen besuchten Inostranzeva-Bucht.

Der Überwinterungsplatz von Willem Barents und seiner Expedition ist ein ödes und ungemütliches Geröllplateau an der Nordspitze von Nowaja Semlja. Von Barents' Winterhaus ist nichts mehr zu sehen, nur die ehemaligen Fundamente sind durch Holzbalken markiert. Ein weit sichtbares Kreuz erinnert an Willem Barents und seinen historischen Aufenthalt im Winter 1596/97.

Seit 1995 liegt unweit des von Rußland errichteten Kreuzes diese holländische Gedenkplatte auf der kalten Erde. Nur sehr wenige Besucher haben sich bisher an diesen ausgesetzten Ort, den Barents für die Schlüsselstelle in der Nordost-Passage hielt, »verirrt«.

Folgende Doppelseite:

Wind hat die Wolken in der Nordwest-Passage fortgerissen – und das Eis um unser Schiff getrieben. Neun Zehntel Eis! Unsere Geschwindigkeit mit der MS Hanseatic beträgt nur noch eine Meile pro Stunde! Aber mein Fotoherz schlägt höher: Was für ein großartiger An- und Ausblick. Grauenhaft und furchterregend muß dieses gleiche Bild allerdings für die Entdecker gewesen sein, die genau hier im Peel-Sund in die letzten weißen Flecken der Weltkarte vorstießen.

Der Peel-Sund in der Abenddämmerung. Vor uns liegt das westliche Ufer der Somerset-Insel – und Eis, immer mehr Eis! Eine Landschaft fast ohne Farbe, fast ohne Höhepunkte – und doch unendlich groß und grenzenlos weit. Die Welt scheint nur noch aus Wasser und Eis zu bestehen, aus kalten, windgepeitschten Felsen, die von den Gletschern der Eiszeit flachgehobelt wurden. Selbst das leuchtende Blau des Eises verschwindet in der Nacht – wird zu Blei.

Folgende Doppelseite:

An Backbord baut sich eine senkrechte Eisbarriere auf – über den gesamten Horizont. Diese Barriere existiert in Wahrheit nicht – sie ist eine Fata Morgana. Treibendes Packeis wird in der flimmernden Luft senkrecht nach oben reflektiert. Wieviele Seefahrer mögen solchen Luftspiegelungen zum Opfer gefallen sein? Der kleine eingeklinkte Bildausschnitt zeigt diese nicht vorhandene Eiswand durch das Teleobjektiv.

Unsere Schiffsleitung hat den kanadischen Eisbrecher SIR JOHN FRANKLIN um Hilfe gebeten. 30 Meilen von unserem Schiff entfernt steckte der Eisbrecher dann selbst fest, mit vielen Stunden Verspätung erreichte er die MS HANSEATIC und fuhr als »Pfadfinder« voraus.

Der Eisbrecher Sir John Franklin gehört zur kanadischen Coastguard und hat die Aufgabe, alle Versorgungswege zwischen den einzelnen Siedlungen freizuhalten. Unser Icemaster Kapitän Tom A. Irvine ist wiederum der Verbindungs- und Kontaktmann zwischen der Schiffsführung und der kanadischen Coastguard. Plötzlich fällt Nebel ein. Das Eis weicht, und die Sir John Franklin verabschiedet sich. Eine wichtige Schlüsselstelle in der schiffsfeindlichen Nordwest-Passage ist geschafft.

Eskimokinder in Cambridge Bay. Dieser kleine Ort erscheint uns nach den großen, einsamen Eispassagen wie eine Metropole in der zivilisierten Welt und hat doch nur 1.300 Einwohner. Cambridge Bay ist ein wichtiges Verwaltungs- und Versorgungszentrum in der Nordwest-Passage.

In Cambridge Bay liegt das Wrack der MAUD, mit der Roald Amundsen nach seiner Nordwest-Passage-Expedition mit der GJØA auch die Nordost-Passage durchfahren hat. Die Geschichte der MAUD ist eine eher unbekannte Episode im Leben des großen norwegischen Polarforschers, weil sie nicht zu einem spektakulären Erfolg geführt hat.

Er ist wie ein blinder Passagier, der sich, von allen unbeobachtet, bei der Abreise an Bord schleicht und sich erst zeigt, wenn sich das Schiff auf hoher See befindet, so daß man ihn nicht wieder loswerden kann.

Thorkild Hansen

Skorbut – Die Reise des Jens Munk

Skorbut war die Geißel aller frühen Seefahrer und Polarforscher. Hervorgerufen durch Vitamin-C-Mangel leidet der Kranke an Appetitlosigkeit, Zahnfleischbluten, allgemeiner Blutungsbereitschaft, mangelhafter Wundheilung, Verdauungsstörung, Leistungsminderung und permanenter Müdigkeit bis hin zur vollständigen Erschöpfung sowie an erhöhter Anfälligkeit gegenüber Infektionskrankheiten.
Skorbut ist heimtückisch – und tödlich! Du spürst in den Lenden ein so schmerzhaftes Stechen, als ob sie von unzähligen Messern durchstoßen werden. Dann wird der geplagte Körper völlig kraftlos, und der Mund beginnt zu faulen. Alle Zähne sind schließlich lose – dann fallen sie einfach aus dem übelriechenden Fleisch. Der Magen ist aber hungrig und verlangt nach Nahrung, nur – die kranken Zähne können nichts mehr beißen.

Während im 16. Jahrhundert vorwiegend Engländer und Holländer den nördlichen Seeweg suchten, griff Anfang des 17. Jahrhunderts auch Dänemark in das spannende Geschehen ein. Kapitän Jens Munk war sicher ein Außenseiter unter den großen Forschern und Entdeckern, und sein Name ist heute weitgehend in Vergessenheit geraten. Wer sich aber näher mit diesem ungewöhnlichen Mann beschäftigt, muß schnell erkennen, daß Munk zu den ganz großen Seefahrern jener Zeit gehörte. Als Kapitän eines Segelschiffes war er geradezu ein Genie mit größten Fähigkeiten und einem wahren siebten Sinn für Stürme, Brandung und Packeis. Munk hatte nur einen Makel, den er selbst nicht verschuldete; er war als uneheliches Kind in eine Zeit und in eine Gesellschaft hineingeboren, die so einen gravierenden Fehler nie verzieh!

1608 erfüllte sich der erst dreißig Jahre alte Jens Munk einen langgehegten Traum; er kaufte sich ein eigenes Schiff und wollte mit ihm auf Barents Spuren zumindest bis nach Nowaja Semlja fahren – möglichst aber noch weiter –, um dänische Kramwaren gegen Felle von Polarfüchsen, Zobeln, Hermelinen und Eisbären zu tauschen. Nowaja Semlja, das rätselhafte Bollwerk mitten in der Nordost-Passage, erreichte Munk aber nicht. Vor der Insel Kolgujew wurde sein Schiff vom Eis zerdrückt und sank. Damit hatte der junge und so optimistische Kapitän all sein Hab und Gut verloren, nicht aber den Glauben an den nördlichen Seeweg. Wie Munk damals sich und seine Mannschaft rettete, grenzt an ein wahres Husarenstück, vor dem sogar der Dänenkönig Christian IV. seinen Hut ziehen mußte. Und genau dieser König war es auch, der Munk anschließend in seine Dienste stellte und der den inzwischen berühmt und berüchtigten Kapitän im Mai 1619 mit zwei Schiffen in die Nordwest-Passage schickte, um dort den Weg nach China zu suchen.

Der 9. Mai 1619 war ein strahlender Sonntag in Kopenhagen, und als die beiden Schiffe ENHIÖRNINGEN und LAMPRENEN am Königsschloß vorbeisegelten, spielten die Blechbläser an Land einen Pfingstpsalm, den Jens Munk sich ganz persönlich ausgesucht hatte. Das Wasser trug den Ton gut, und alle 64 Männer auf den beiden Schiffen sangen mit:

Allein Gott in der Höh' sei Ehr
und Dank für seine Gnade,
darum daß nun und nimmermehr
uns rühren kann kein Schade;
ein Wohlgefall'n Gott an uns hat,
nun ist groß Fried' ohn' Unterlaß,
all Fehd' hat nun ein Ende.

An diesem 9. Mai begann Jens Munk auch sein Tagebuch, das zu einem Dokument des Grauens werden sollte und seit fast 400 Jahren in der Königlichen Bibliothek in Kopenhagen liegt. Die unheilvolle Reise begann im Kattegat mit einem Selbstmord:

»Ein Mann sprang plötzlich von Bord, ... in der Dämmerung konnte ihn keiner mehr retten – was ich gerne getan hätte –, so daß er versank und verschwunden blieb.«

Nach sechzehntägiger Fahrt – dabei war ein weiteres Besatzungsmitglied gestorben – erreichte Munks Expedition die grönländische Ostküste nördlich von Kap Farvel und segelte um die Südspitze der riesigen Insel in die Davis-Straße.
»Nachts herrschte solcher Nebel und so großer Frost, daß sich an der Takelage Eiszapfen von etwa 15 Zentimeter Länge bildeten und es keiner mehr vor Kälte draußen an Deck aushielt.«
Am 39. Tag kam die amerikanische Küste in Sicht, auf der Breite von 62°. Munk fuhr in die Hudson-Straße, denn er glaubte noch immer an einen westlichen Ausgang der Hudson-Bucht nach China. Am 23. Juli übernahm das Eis die weitere Navigation. Nachts zerbrachen vier Anker der LAMPRENEN, und zwei Tage später wurde das Ruder der ENHIÖRNINGEN zerstört. Eispressungen begannen, und es krachte um die Schiffe herum wie abgefeuerte Kanonen. Dann kam der Schnee leise und begrub beide Schiffe unter sich.
Am 8. August starb der Matrose Anders Stavanger und wurde an Land beigesetzt. Einen Tag später blies starker Nordwestwind das Eis fort, und bald schon »herrschte ein so starker und grober Seegang, wie weder ich noch irgendein anderer an Bord ihn vorher erlebt hatten«. Munk fuhr mit voller Fahrt durch die wild aufgewühlte See in die für die Expedition tödliche Sackgasse Hudson-Bucht hinein.
Am 7. September herrschten Schneegestöber, Hagel und Nebel bei Windstärken bis 10 aus Nordwest. Aber Jens Munk gelang es, seine vollgetakelte Fregatte mit atemberaubenden Segelmanövern durch eine quergerichtete Brandung und an gefährlichen Unterwasserklippen vorbei in einen sicheren Hafen zu fahren. Die Yacht LAMPRENEN folgte einige Tage später und wurde von Munks Mannschaft perfekt zum Mutterschiff gelotst. Bald schon lagen die beiden dänischen Schiffe Seite an Seite sicher verankert in der Nähe der heutigen Stadt Churchill, und Munk glaubte immer noch, an dieser Küste die erträumte Anian-Straße nach China zu finden.
Die Straße von Anian war im 16. Jahrhundert der spanische Name für die Nordwest-Passage, die nach dem damaligen Wissensstand der Geographen den Pazifischen Ozean in den gemäßigten bis tropischen Breiten Nordamerikas mit dem Atlantischen Ozean verbinden sollte. Eine spätere Vermutung besagte, eine solche Wasserstraße könnte vom Golf von Kalifornien ausgehend an Kalifornien vorbei, das man damals irrtümlich für eine dem amerikanischen Kontinent vorgelagerte Insel hielt, bis in den Sankt-Lorenz-Golf führen.
1539 schickte Herman Cortes den Entdecker Francisco de Ulloa von Acapulco nach Norden entlang der heutigen Baja California, um nach der legendären Straße von Anian zu suchen, die er jedoch nicht fand – weil sie gar nicht existiert. All diese Ideen basierten auf der Vorstellung, Amerika sei kein Kontinent, sondern nur ein riesiger Archipel.

Seit der Abreise aus Dänemark waren vier Monate vergangen, und der Kapitän sah, wie erschöpft und krank viele seiner Männer bereits waren. Er alleine erkannte dabei auch ganz unmißverständlich die typischen Symptome beginnenden Skorbuts und entschied am 18. September:
»Wir werden hier überwintern!«
Im Tagebuch notiert Jens Munk: »Ich ließ die Kranken an Land bringen, und dort fanden wir noch Zwergmaulbeeren, Moosbeeren, Blaubeeren, Preiselbeeren und Krähenbeeren! Außerdem ließ ich täglich ein wärmendes Feuer für die Kranken anbrennen, woran sie sich erquickten, und danach kamen sie wieder schön zu Gesundheit.«
Durch solche Behandlung wurde das Zahnfleisch der Männer schnell wieder so kräftig, daß sie mit großer Freude in frischen Bärenbraten beißen konnten. Was für eine Wohltat nach all dem salzigen Pökelfleisch der vergangenen Wochen!
Den Platz der Überwinterung nannte der Kapitän Munkehavn.

Am 15. Oktober setzte starker Eisgang ein und schlug ein häßliches Loch in die Fregatte. Zweitausend Pumpenzüge wurden notwendig, um das eingedrungene Wasser zu entfernen. Zu diesem Zeitpunkt hatte Jens Munk längst festgestellt, daß seine Ausrüstung für die bevorstehende Überwinterung, mit der weder er noch sein Dänenkönig gerechnet hatten, eher mangelhaft war. Es fehlten Schlitten und Skier für die Arbeitseinsätze an Land und vor allem Pelzbekleidung gegen die jetzt täglich immer stärker werdende Kälte.
Am 10. November war Martinstag, und Munk ließ seine Leute ausgiebig feiern:
»Die Männer hatten einige Schneehühner geschossen, mit denen wir uns anstelle der Mastgans behelfen mußten. Ich ließ jedem in seine Schüssel einen Liter spanischen Wein über das übliche Quantum hinaus geben. Damit waren alle Schiffsleute wohlzufrieden und bald auch lustig und froh. Vom Schiffsbier erhielten sie soviel, wie es sie gelüstete.«
Zehn Tage nach dem Fest starb der erste Matrose in Munkehavn, der Zimmermann baute ihm einen Sarg und ein Holzkreuz dazu.

»Am 27. November herrschte ein so scharfer Frost, daß alle Glasflaschen, die wir an Bord hatten, in Stükke sprangen.« In klaren Nächten schienen selbst die Sterne am schwarzen Himmel festzufrieren, und das giftgrüne Nordlicht wallte in weiten Vorhängen über den Todeshafen.
Wenige Tage nach der Beerdigung des Matrosen starb der Schiffsbader.
Bader ist ein mittelalterliches Wort für Heilgehilfen, die keine Ärzte waren, aber durchaus Zähne ziehen und auch Gliedmaßen amputieren konnten.
Der Matrose und auch der Bader waren an Skorbut gestorben. Munk wußte das.
Jetzt wurde es so eisig, daß die Beerdigung erst zwei Tage später stattfinden konnte, und Munk bemerkt in seinem Tagebuch:
»Es herrschte so strenge Kälte, daß sich bei vielen Männern, deren bloßes Gesicht dem Wind ausgesetzt war, Blasen an Nasen und Wangen bildeten.«

Dann kam der Weihnachtsabend, und es schien, als hätte die grimmige Kälte Munkehavn nun ganz zum Schweigen gebracht. Aber der Schiffspfarrer Rasmus Jensen begann schließlich doch, die Weihnachtsgeschichte aus der Bibel vorzulesen.

»Nach der Predigt spendeten wir nach altem Brauch für den Geistlichen – jeder nach seinem Vermögen, und da nicht viel Geld unter den Leuten war, gaben sie, was sie hatten. Einige schenkten ihm Fuchsfelle, mit denen er seinen Rock füttern konnte; aber ihm war danach kein so langes Leben beschieden, daß er ihn hätte auftragen können.«
Der Kapitän schrieb weiter: »Ich gab den Leuten Wein und starkes Bier, so daß sie einen halben Rausch bekamen und schön lustig wurden, und keiner erzürnte den anderen mit einem bösen Wort.«
Nur Jens Munk blieb an diesem festlichen Abend sehr ernst und nachdenklich. Er alleine wußte, daß Skorbut die ersten Opfer gefordert hatte – und weiter fordern würde. Munk wußte auch, daß selbst der Koch an diesem Weihnachtstag außerstande war, mit seinen losen Zähnen in den leckeren Hasenbraten zu beißen, den er für die noch Gesunden zubereitet hatte. Neun Männer waren in der Heiligen Nacht bereits todkrank!

»1. Januar. Am Neujahrstag herrschten schrecklich scharfer Frost und Nordwind, und ich ließ jedem der Leute über das tägliche Maß hinaus ein paar Liter Wein in die Schüssel geben, damit sie bei Stimmung blieben. Es war klarer Sonnenschein. In diesen Tagen hatten wir den härtesten Frost des ganzen Winters, und die grausame Kälte quälte uns am allermeisten.
Am 8. Januar starb einer meiner Matrosen.
Am 10. Januar legten sich der Pfarrer und der zweite Bader zu Bett. Und am selben Tag starb mein bester Koch.
21. Januar. Dreizehn Personen sind jetzt von der Krankheit befallen.
Am 23. Januar starb mein Steuermann Hans Brok, der fast fünf Monate bettlägerig gewesen war. Da setzte sich der Pastor in seiner Koje auf und hielt den Leuten eine Predigt, welche auch seine letzte war, die er hier auf Erden hielt.
Am 27. Januar starb Jens Helsing, Matrose, und am 5. Februar Laurids Bergen.
10. Februar. An diesen Tagen herrschte ziemlich mildes Wetter, aber die Leute waren sehr krank und schwach. Heute starben zwei Männer, die

Renate Weyer mit einem Eskimomädchen in der Hudson-Bucht. Wer denkt bei so einer Idylle an die grauenvollen Schicksale von Henry Hudson oder der Munk-Expedition, die sich genau hier vollzogen haben.

schon lange auf ihrem Siechbett gelegen hatten.
Am 13. Februar verordnete ich jeder Person zu jeder Mahlzeit am Tag einen Pegel Wein und am Morgen eine doppelte Ration Branntwein.
16. Februar. Mit jedem Tag erhöhte sich die Zahl der Kranken, so daß jetzt nur noch sieben Menschen gesund sind, die Holz und Wasser holen und die Arbeit verrichten können, die an Bord des Schiffes anfällt. Am selben Tag starb ein Matrose.
Am 17. Februar starb Rasmus Kobenhavn. Jetzt waren schon zwanzig von meinen Leuten gestorben.
Am 20. Februar verschied am Abend der Pfarrer.
25. Februar. An all diesen Tagen ist nichts Besonderes geschehen. Nur der Bursche des Leutnants, der Claus hieß, starb.
Am 1. März starben Jens Borringholm und Hans Skudenes, und da die Krankheit jetzt überhand nahm, hatten wir große Sorgen, die vielen Toten zu begraben.

Am 4. März hatten wir mildes Wetter. An diesem Tag fingen wir fünf Schneehühner, die uns besonders willkommen waren. Davon ließ ich eine Suppe kochen und unter den Kranken austeilen. Von dem Fleisch konnten sie leider nichts verzehren, denn das Innere ihrer Münder war von Skorbut zerfressen.
Am 8. März starb Oluf Boye, seine Leiche wurde sofort begraben.
Am 25. März starb Schiffer Jan Olluffsen, der seit neunzehn Wochen krank war. Wir hatten heute herrliches Wetter; ich war an Land und habe Preiselbeeren gesucht. Wo der Schnee getaut war, waren sie so frisch wie im Herbst.
Am 26. März war ebenfalls schönes Wetter; da ging ich wieder an Land und sammelte Beeren, die ich unter die Leute verteilte und die ihnen sehr willkommen waren und gut bekamen.
29. März. An allen diesen Tagen herrschte ziemlich mildes Wetter, und es verschieden Ismael Abrahamsen und Christen Gregersen, die auch am selben Tag, den Umständen und den vorhandenen Kräften entsprechend, begraben wurden.
Am 30. März war scharfer Frost. An diesem Tag starb Svend Arvedsen, der Zimmermann.
Jetzt beginnen mein größtes Leid und meine Qual, und ich bin wie ein verirrter und verlassener Vogel. Ich muß nun auf dem Schiff umhergehen und den Kranken zu trinken geben und ihnen etwas kochen, was ich für nützlich halte. Ich bin das nicht gewöhnt und habe deshalb nur wenig Verstand dazu.
Am 31. März starb mein Zweiter Steuermann, Johan Petersen.
Am 1. April verschied meines seligen Bruders Sohn, Erik Munk. Er und Johan Petersen bekamen dasselbe Grab.
Am 3. April war schrecklich scharfer Frost, so daß sich keiner von uns vor Kälte hinauswagte. Ich habe auch niemanden mehr, über den ich befehlen kann, denn auf allen ruht nun Gottes Hand. Heute starb Iver Alsing.
Am 4. April war so strenges und stürmisches Wetter, so daß keiner an Land konnte, um für die Toten, die auf dem Schiff herumlagen, ein Grab zu schaufeln.
Am 5. April starben Christoffer Opslø und Rasmus Clemmensen. Am Abend ging mein Oberbootsmann Lauritz Hansen von hinnen. Nun sind wir so wenig Gesunde, daß wir kaum noch in der Lage sind, die Toten zu beerdigen.
Am 8. April starb William Gordon, mein oberster Steuermann. Am Abend verschied Anders Sodens, und beide wurden in ein Grab gebettet. Wir, die wir noch am Leben sind, hatten wegen unserer jämmerlichen Schwäche große Mühe, diese Arbeit zu verrichten. Es besaß auch keiner mehr so viel Gesundheit und Kraft, um in den Wald zu gehen und Holz zu holen, weshalb wir alles nahmen, was an Brennbarem zur Verfügung stand. Und als wir das verfeuert hatten, waren wir gezwungen, unsere Schaluppe als Brennholz zu verwenden.
Am 10. April starb der ehrenwerte und wohlgeborene Movritz Stygge, mein Leutnant. Und ich nahm eines meiner eigenen Leinenhemden und hüllte seine Leiche nach bestem Vermögen darin ein. Nur mit großer Not bekamen wir für ihn einen Sarg zustande.

Am 13. April badete ich in einem Weinfaß, das ich zu diesem Zwecke herrichten ließ, und ich gebrauchte dazu allerlei Kräuter, die wir in der Kiste des Baders fanden und die uns nützlich erschienen. Danach badeten auch jene meiner Leute, die sich noch bewegen konnten und nicht zu schwach waren, und das Bad bekam uns sehr gut und mir besonders. Gott sei Dank!
Am 14. April war scharfer Frost, und an diesem Tag konnten außer mir nur fünf Männer sitzend die Karfreitagspredigt anhören.
Am 16. April war Ostern. Da starben Anders Oroust und Jens Bødker, und da ziemlich mildes Wetter herrschte, konnten ihre Leichen sofort begraben werden. Ich war jetzt selbst sehr elend und von der ganzen Welt verlassen. In der Nacht verschied Hans Bendtsen.
Am 17. April schlief mein Bursche Oluf Andersen, der mir sieben Jahre lang treu und redlich gedient hatte, für immer ein.
Am 19. April starb Peder Amundsen, der lange krank gelegen hatte und dahingesiecht war.
Am 22. April ließ ich nachmittags ein Bad bereiten, in welchem wir alle, die wir noch Kraft dazu hatten, badeten, und das bekam uns wohl.
Am 24. April starb Oluf Sundmør, Bootsmannsmaat.
Am 25. April kamen die Graugänse, worüber wir uns freuten, denn wir hofften jetzt, daß der Sommer nun nahe wäre.
Am 27. April kam aber wieder scharfer Frost und Halvord Brønnie starb.
Am 28. April verschieden Morten Nielsen und Thor Tønsberg. Nur mit großer Not legten wir vier, die wir noch etwas bei Kräften waren, ihre Leichen in ein Grab.
Am 4. Mai starben Anders und Morten Marstrand.
Am 6. Mai segnete der Engländer John Watson, mein Vierter Steuermann, das Zeitliche. Seine Leiche blieb ebenso wie die der beiden anderen einige Tage lang liegen, weil so strenge und große Kälte herrschte, daß keiner von uns drei armen Menschen, die wir uns noch etwas bewegen konnten, es vermochte, sie in die Erde zu betten.

10. Mai. Die Gänse kamen wieder. Und ich erlegte eine, aus der wir uns zwei Mahlzeiten bereiteten. Nun sind noch elf Personen am Leben.

Am 12. Mai starben Jens Jørgensen, Zimmermann, und Svend Marstrand. Nur Gott weiß, welche Not wir hatten, um ihre Leichen zu begraben. Es waren die letzten Toten, die in die Erde gesenkt wurden.
Am 16. Mai war es sehr kalt. Da starb Schiffer Jens Hendriksen, und seine Leiche mußten wir unbegraben an Deck liegen lassen.
Am 19. Mai starb Erik Hansen, der auf der ganzen Reise sehr fleißig und dienstwillig gewesen war und keinen Menschen erzürnt und nicht die geringste Strafe verdient hatte. Er hatte so viele Gräber für die anderen ausgehoben, und nun war keiner mehr da, der ihn unter die Erde bringen konnte; er mußte auch unbegraben liegenbleiben.
28. Mai. Während der Tage, da wir krank im Bett lagen, starben Peter Nyborg, Zimmermann, Knud Lauritzen Skudenes und Jørgen, der Küchenjunge. Sie sind alle auf der Steuerplicht liegengeblieben, denn es ist keiner mehr da, der ihre Leichen begraben oder sie nur über Bord werfen kann.

Am 4. Juni, dem Pfingsttag, sind außer mir noch drei Männer am Leben, und keiner kann dem anderen helfen. Der Küchenjunge liegt tot vor meiner Koje, und drei tote Männer liegen auf der Plicht.
Weil ich meine, daß ich in dieser Welt zum letztenmal schreibe, so verfasse ich eine Schrift:
Da ich nun keine Hoffnung mehr habe, in dieser Welt länger leben zu können, so bitte ich in Gottes Namen, falls Christenmenschen hierher gelangen sollten, meine armseligen Gebeine und die der anderen, die sich hier befinden, in die Erde zu senken – Gott im Himmel wird es lohnen – und die Relation meinem gnädigsten Herrn und König zuzustellen (denn jedes Wort darin entspricht der Wahrheit), damit meine großen Anstrengungen und mein jämmerlicher Tod meiner armen Frau und meinen Kindern nützen mögen. Hiermit sage ich der Welt gute Nacht und lege meine Seele in Gottes Hand. – Jens Munk«

Nach diesem Testament starb Jens Munk noch lange nicht, am 8. Juni holte er sein Tagebuch wieder hervor und schrieb weiter:
»Da ich nicht mehr den Geruch der toten Leiber, die seit geraumer Zeit auf dem Schiff lagen, ertragen konnte, kroch ich, so gut ich es vermochte, aus der Koje. Nachdem ich mit Gottes Hilfe aus der Kajüte gekommen war, behalf ich mich die Nacht über auf dem Oberdeck mit den Kleidern der Toten.«

Am 18. Juni brach das Eis des Fjordes auf, und die Gezeiten kamen zurück. Jens Munk und die beiden letzten Überlebenden schleppten sich mühsam und doch unglaublich willensstark an Land und begannen ihren Skorbut mit frischen Kräutern zu bekämpfen. Die Männer saugten Pflanzenwurzeln aus. Daraufhin kamen sie wieder zu Kräften und arbeiteten Tag und Nacht – ohne Pause und mit blutenden Händen –, um die kleine Yacht LAMPRENEN flott zu bekommen.
»Am Sonntag, dem 16. Juli, gingen wir am Nachmittag in Gottes Namen unter Segel.«
67 Tage später erreichten die drei letzten Männer der Munk-Expedition ihre Heimat. Als sie endlich norwegische Erde betraten, glichen sie Tieren und weinten lautlos.

Knapp hundert Jahre nach Munk, im Jahr 1719, segelte der fast achtzig Jahre alte englische Kapitän James Knight, einer der früheren langjährigen Leiter der *Hudson's Bay Company*, mit vierzig Männern auf der Suche nach der Passage in den Tod. Auch Knight glaubte – so wie vorher Munk – fest an eine Nordwest-Passage von der nördlichen Hudson-Bucht aus und an reiche Erz- und Goldvorkommen im Nordwesten Kanadas, von deren sicherer Existenz ihm die legendäre Indianerin Thanadelthur persönlich berichtet hatte.
Die *Hudson's Bay Company* schickte den schon lange pensionierten James Knight mit einer ausführlichen und präzisen Instruktion auf die Reise. Darin hieß es unter anderem:
»Entsprechend unserem Vertrag werden Sie, sobald es Wind und Wetter erlauben, von Gravesend zu der von Ihnen beabsichtigten Reise aufbrechen, um mit Gottes Hilfe die Straße von Anian zu finden und im Norden Gold und andere wertvolle Waren zu entdecken.«
Erst vierzig Jahre nach dem bis heute rätselhaften Verschwinden der gesamten Knight-Expedition berichteten Eskimos dem Leiter eines Suchtrupps, Samuel Hearnes, daß sie –, vermutlich – zwei Überlebende der Knight-Mannschaft alleine auf der Marble-Insel gesehen hätten. Die beiden Männer standen auf einer Spitze am Ufer und hielten vergebens Ausschau nach einem rettenden Schiff.
»Nachdem sie dort gemeinsam eine beträchtliche Zeit ausgeharrt hatten – ohne daß sich am Horizont etwas zeigte – setzten sie sich zusammen auf den Boden und weinten bitterlich. Schließlich starb der eine. Der andere war bereits so erschöpft, daß er bei dem Versuch, seinen Gefährten zu begraben, hinstürzte und ebenfalls starb.«

Ob diese makabere und ergreifende Geschichte der Wahrheit entspricht, ist ungeklärt und fraglich. Kein anderer Mann, der auf die Suche nach der Passage ging, verfügte über größere Erfahrung als Knight. Und von der Marble-Insel sind es nur knappe zehn Meilen zum Festland, auf dem Indianer und Eskimos lebten und die *Hudson's Bay Company* feste Stationen unterhielt, die Knight bestens bekannt waren. Eskimos überquerten schon damals regelmäßig den schmalen Kanal zwischen Marble und dem Festland und im 19. Jahrhundert auch Walfänger in beiden Richtungen.
Knight wußte natürlich auch um die Skorbutgefahren während der eisigen Wintermonate und hatte schon während seiner Amtszeit als Governor regelmäßig große Mengen Zitronensaft und Rhabarber an die ihm unterstellten Company-Forts geliefert. So hatte er auch für seine letzte Expedition sehr viel Gemüsevorräte und spezielle Arzneimittel an Bord der beiden Schiffe.
Das totale Verschwinden der Knight-Expedition ist voller Rätsel geblieben.
John Geiger und Owen Beattie, die Autoren des bekannten Buches über die Franklin-Toten auf der Beechey-Insel »Der eisige Schlaf«, gingen auch im Fall Knight auf Spurensuche und fanden so gut wie nichts Neues. Ihr lesenswertes Buch über dieses Rätsel nannten sie treffend »Totenstille«.

Moschusochsen leben in der grönländischen und in der kanadischen Arktis. Sie sind neben den Karibu die größten pflanzenfressenden Säuger in der nördlichen Tundra. In der Regel sind die Tiere scheu; unterschreitet man aber ihre Fluchtdistanz, dann können sie zu gefährlichen Angreifern werden.

Kunst der Inuits in der Nordwest-Passage. Die winzige Ortschaft Holman im Westen der Victoria-Insel ist für ihre Eskimokunst bekannt. Hier wird gemalt, gedruckt und geschnitzt. Durch das Übereinanderlegen verschiedener Schablonen, die mit Farben versehen werden, entstehen wunderschöne Bilder mit Motiven aus der Inuitkultur. Die Bilder werden hier produziert und dann in Yellowknife und anderen Städten weiter im Süden verkauft.

Wir treffen in Holman eine Frau auf der Straße, sie erzählt uns:

»Ich wurde 1945 geboren, in einer Zeit also, da wir noch ein freies Volk waren, eben Inuits – Menschen. Nur die Indianer im Süden nannten uns Eskimos. Wir mögen dieses Wort nicht. Es heißt ganz einfach Rohfleischesser. Aber wir wissen auch, daß »Eskimo« in aller Welt bekannter ist als »Inuit«. Wir lebten damals in kleinen Gemeinschaften von drei oder vier Familien, und unsere Väter fanden auf der Jagd ausreichend Nahrung, an Land und im Meer. Aber dann schickten uns fremde Menschen hierher und sagten, wir Kinder müßten eine Schule besuchen. Ich war erst 11 Jahre alt. Die Schule, das war eine aufregende Zeit. Nie vorher hatte ich mit so vielen Kindern in einem Klassenraum gesessen. Die Lehrerin sprach mit uns englisch, aber das verstanden wir nicht, und Inuktitut – so heißt unsere Sprache – durften wir nicht sprechen. Deshalb blieben wir in der Schule ganz still. Heute frage ich mich, wie wird es unseren Kindern ergehen, werden sie weiter abhängig sein und nur das tun, was die Regierung uns sagt und vorschreibt? Wir wollen ja gar nicht viel, aber wir möchten, daß uns weiße Menschen ab und zu zuhören, wenn wir sprechen. Deshalb war es schön, daß ihr mir zugehört habt.«

Kurz vor der Herschel-Insel stoßen wir auf dichten Seenebel, nur Konvoifahrten in den Zodiacs garantieren sichere Anlandungen. Von hier aus ist Roald Amundsen mit Hundeschlitten nach Süden gefahren, um seinen Erfolg in der Nordwest-Passage der Welt mitzuteilen.

Die beiden Ersten Offiziere der MS Hanseatic Thilo Natke (heute ist er Kapitän) und Randolph Hess messen mit dem Handecholot jeden Meter ab und suchen so einen sicheren Ankerplatz für unser Schiff, denn hier müssen wir auf den amerikanischen Zoll und seine Freigabe für unsere Weiterfahrt nach Alaska warten.

Plötzlich hören wir das erlösende Brummen in der Luft, der Helikopter mit den erwarteten Zollbeamten landet neben unserem Ankerplatz in der Tundra. Schon nach einer halben Stunde dürfen wir die Fahrt nach Alaska fortsetzen.

Die Herschel-Insel beherbergt eine alte, heute verlassene Walfängerstation. Hier hat Roald Amundsen seinen dritten Winter in der Passage verbracht, hier konnte er seine Expedition bereits als erfolgreich betrachten und die Passage als »bezwungen« ansehen. Herschel ist heute Nationalpark mit vielen Erinnerungen an die große Zeit der arktischen Walfänger.

Point Hope liegt in Alaska zwischen dem Nordpolarmeer (Nordwest-Passage) und der Tschuktschen-See (Nordost-Passage). Mit dem Erreichen dieses Punktes ist die Nordwest-Passage praktisch durchfahren. Hoher Seegang erschwert die Zodiac-Anlandung an diesem ausgesetzten Punkt – es wird »etwas feucht« für die Passagiere.

Über unser »nasses Mißgeschick« freuen sich diese drei Eskimomädchen – Schadenfreude ist immer noch die größte Freude –, die mit ihrem »Quad« neugierig zum Strand gekommen sind. Ihre sommerlich kurzen Hosen signalisieren, daß die Temperatur über Null gestiegen ist. Ich habe drei Grad plus gemessen.

Der Eismeister sprengte eine Graböffnung ins Packeis. Die Mannschaft versammelte sich und zog die Hüte. Crozier sprach ein Gebet. Eine Gewehrsalve krachte in den klaren Frosthimmel, dann ließ man den Sarg, beschwert mit einem Bootsanker, langsam hinunter. Die Gruft wurde mit Wasser aufgefüllt, es fror binnen weniger Stunden zu einer Grabplatte wie aus dunklem Glas.
»Gute Reise«, sagte Fitzjames in das Schweigen hinein.
Das war kein leeres Wort. Denn mit den driftenden Eismassen war der alte Kommandant ganz gewiß noch einige Zeit unterwegs.
Sten Nadolny

Die Tragödie – Franklin verschwindet einfach

Wie Sir John Franklin wirklich gestorben ist und ob er begraben wurde, wissen wir nicht. Wir kennen nur das Todesdatum, aber nicht den wahren Grund und die Todesursache. Warum schweigt die einzige schriftliche Nachricht der Unglücksexpedition darüber?
Martin Selber vermutet in seinem Roman »Und das Eis bleibt stumm«, daß sich Franklin nach der Einsicht »es gibt keine Rettung mehr – und ich trage alleine die Verantwortung« selbst erschossen hat. Sten Nadolny läßt Franklin in seinem Roman »Die Entdeckung der Langsamkeit« an zwei Schlaganfällen sterben und – wie oben ausgeführt – angemessen und stilvoll beerdigen.

John Franklin gelangte zu besonders tragischem Ruhm. Bei der Suche nach der Nordwest-Passage verlor er neben den beiden Schiffen HMS Erebus und HMS Terror auch sein eigenes Leben und das von 128 ihm anvertrauten Männern.

In der besonders umfangreichen Literatur zur Franklin-Tragödie stößt der Leser immer wieder auf unterschiedliche Angaben zur Stärke der Besatzung. Bei Fergus Fleming lese ich, daß auf den beiden Schiffen 133 Männer waren, und in einem sehr alten Buch von Kiesewetter aus dem Jahr 1867 ist sogar von 138 Mann Besatzung die Rede. Solche Angaben verwundern mich, denn die genaue Zahl läßt sich aus dem einzigen schriftlichen Dokument leicht rekonstruieren, das auf Seite 81 abgebildet ist. Daraus ergibt sich die richtige Zahl 129 – einschließlich John Franklin.

Die Suche nach Franklin löste weltweit die größte Rettungsaktion in der Geschichte aus. Sie dauerte zwölf Jahre. Während dieser Zeit sandten England und Amerika vierzig Expeditionen in die Nordwest-Passage, teils zu Land und teils zu Wasser. Erst 1859, vierzehn Jahre nach dem Auslaufen der Expedition, stellte Sir Leopold McClintock endgültig und offiziell den Tod Franklins und seiner Mannschaft fest.
Im Verlauf dieser gigantischen Suche wurden dann auch die letzten noch unbekannten Teilabschnitte der Nordwest-Passage gefunden. Ein ganz besonderer Verdienst gebührt dabei Kapitän Robert McClure, der in den Jahren 1850 bis 1854 einem allerletzten Durchgang in der Passage fand: die Prince-of-Wales-Straße.

Als Franklin am 19. Mai 1845 England verließ, strahlte der Himmel über London. Am Kai drängten sich Kopf an Kopf erwartungsfrohe Menschen, Musik klang über das Wasser, und Zigtausend Augen hingen an den beiden schmucken Seglern, die im Glanz ihrer unzähligen bunten Fähnchen und Wimpel auf die Ausfahrt warteten.
Zur durchaus prunkvollen Expeditionsausrüstung gehörte eine Bibliothek mit 1.200 Bänden, geschliffenes Glas, Porzellan und schweres vik-

Tundra an der Nordwest-Passage – das ist karges Grasland bis zum Horizont. Wir fanden zahlreiche abgeworfene Stangen von Rentieren und immer wieder tote Moschusochsen. Die Tierherden selbst erlebten wir verhältnismäßig scheu – ein Zeichen, daß Eskimos hier oben noch aktiv jagen.

torianisches Silber für die Offiziersmesse. Dafür fehlten Schlitten, Zelte und warme Winterkleidung für den Notfall!
Der Auftrag der britischen Marine an Sir John Franklin war klar umrissen:
»Sie versuchen, in möglichst gerader Linie vom Lancaster-Sund die Bering-Straße zu erreichen. Wir schicken Sie in diesen Teil des Eismeeres, weil hier die größte Chance liegt, die Durchfahrt zum Pazifik zu finden. Sollte Ihre Fahrt in jener Richtung jedoch durch ewiges Eis blockiert werden, dann wollen Sie bitte in Erwägung ziehen, ob andere Kanäle eine günstigere Durchfahrt zum offenen Meer bieten.«

Die Expedition hatte bis hinauf zur Melville-Bucht noch ein Transportschiff mit dabei, aus dem dort oben Säcke und Kisten mit Proviant und Ausrüstung für fünf Jahre auf die Expeditionsschiffe TERROR und EREBUS umgeladen wurden. Leer, mit den letzten Briefen an Bord, fuhr dann das Transportschiff nach London zurück. Franklins Mannschaft ergänzte ihre Vorräte an den Vogelfelsen der Melville-Bucht durch zusätzliches und hochwillkommenes Frischfleisch.
Und Kapitän Fitzjames schrieb einen letzten Brief an seine Frau: »Du kannst dir nicht vorstellen, wie glücklich wir sind – und wie sehr wir uns danach sehnen, endlich im Eis zu frieren. Nie habe ich England mit weniger Bedauern verlassen ...«
Am 26. Juli wurden die beiden Schiffe am Lancaster-Sund von einem schottischen Walfangboot gesichtet. Danach gab es keine Lebenszeichen mehr – bis auf die rätselhafte Mitteilung, die McClintock vierzehn Jahre nach dem Auslaufen der Expedition fand.

Erste Spuren der Franklin-Expedition wurden auf der Beechey-Insel entdeckt: drei Gräber! John Torrington von der TERROR starb hier am 1. Januar 1846 im Alter von 20 Jahren. Ihm folgte John Hartnell von der EREBUS drei Tage später im Alter von 25 Jahren. Beide Männer haben die Sonne des Nordens nach dem ersten Winter in der Arktis nicht mehr gesehen. Am 3. April desselben Winters starb hier William Braine von der EREBUS im Alter von 32 Jahren. Im April war die Sonne schon wieder aufgegangen, brachte neue Hoffnung für die Männer auf der einsamen Insel am Rande der Welt, aber nicht mehr für William Braine.
Alle Inseln, Buchten, Kaps und Meeresarme in der Nordwest-Passage tragen heute die Namen von fähigen und unfähigen Polarkapitänen, von ihren Mäzenen und Majestäten, für die sie die Arktis erforschten und denen sie neues Land zu Füßen legen wollten. Hier sollten vielmehr auch die Namen von jenen Männern stehen, die unschuldig für diese Sache starben, erfroren, ertranken, verhungerten, erschlagen und erschossen wurden. Und jene Namen, die an die unzähligen Frauen und Mütter erinnern, die sich zu Hause die Augen ausweinten und jahrelang auf eine Nachricht ihrer Männer und Söhne warteten und die nie verstanden, warum die britische Admiralität dem Drama in der Nordwest-Passage viele Jahre tatenlos und willenlos und unfähig zusah!
Es war das grauenvollste Drama der gesamten Polargeschichte, und Sir John Franklin, der unfähige Admiral und Befehlshaber dieses rätselvollen Unternehmens, wurde später allein zum Helden gemacht.
Wie verblendet glorifiziert John Franklin unmittelbar nach seiner gescheiterten Expedition gesehen und dargestellt wurde, zeigt Dr. Fr. Kiesewetter in seinem Buch »Die Franklin-Expedition und ihr Ausgang« aus dem Jahr 1867. Darin lesen wir:
»Der Robben fettglänzende Geschlechter, der Vögel kreischende Schaaren und der Fische stumme Brut stellen den Chorus der großen Tragödie dar, deren Held John Franklin ist. Die Mitternachtssonne des Nordpols beleuchtet die Hoffnungen seines muthigen Gesichts, – das blutigflammende Nordlicht zeigt selbst in der gräßlichsten Noth, wie sie nur der nordische Winter gebiert, des Kühnen Unverzagtheit, Unerschrockenheit und Ausdauer. Lorbeer und Eichen grünen freilich im Polarkreise nicht für die Stirne des Vorkämpfers, keine geschmeidigen Halme und strahlende Blumen bietet der nordische Winter zur Graskrone, wie sie die Alten auf dem Schlachtplan wanden zum höchsten Ehrenschmuck des siegenden Feldherrn. Am Pol der Erde webt nur das bleiche Mondlicht einen magischen Kranz um die kalte Stirn des siegreich Gefallenen – wie sich Eiskristalle und Schneesterne um die gebrochene Tanne schlingen! ...«

War Franklin ein Held?
Hatte er nicht die alleinige Verantwortung für 128 Männer, die seinem Kommando unterstellt waren? Hätte er nicht viel mehr auf erfahrene Ratgeber hören müssen?
Mit Sir John Ross war Franklin persönlich befreundet. Aber auch seine Ratschläge hatte der Admiral verächtlich in den Wind geschlagen. Unter den Teilnehmern der Franklin-Expedition befand sich ein Matrose, der zusammen mit John Ross viermal in der Arktis überwintert und überlebt hatte: der Steuermann Blanky. Aber ein Admiral konnte unmöglich Ratschläge von einem einfachen Matrosen annehmen! Wollte sich Sir John Franklin mit der Entdeckung der Nordwest-Passage doch noch eine ihn unsterblich machende Krone aufsetzen? War also Eitelkeit mit im Spiel? Franklin hatte bereits große Verdienste und auch Erfahrungen in der Arktis sammeln können. Warum hat er diese Erfahrungen nicht genutzt? Warum hat Franklin die Befehle der geldgebenden Admiralität nicht befolgt?
»Westlich der Barrow-Straße«, sagte der alte Mr. Barrow vor der Abreise, »das heißt hier, wo auf der Karte noch alles weiß ist, werden Sie auf dem 74. Grad nördlicher Breite Ihren Weg zur Bering-Straße suchen. Parry hat bereits viermal die Barrow-Straße eisfrei gefunden. Es ist also anzunehmen, daß auch die übrigen Strecken des 900 Meilen langen Weges zur Bering-Straße eisfrei sein werden. Sie laufen dann im Stillen Ozean die Sandwich-Inseln an und senden schließlich von Panama aus einen Kurier über Westindien nach England zurück. Zur Heimreise nehmen Sie die übliche Route um Kap Hoorn.«
Franklin hat diese Route bereits westlich der Beechey-Insel verlassen.

Sir John Ross sagte dem Admiral zum Abschied: »Es ist keine Schande für einen Kapitän, Rettungsboote bei sich zu führen.«
Der Admiral erwiderte seinem Freund arrogant: »Für mich gibt es kein Mißlingen. Ich leite die bestausgerüstete Expedition, die England jemals in die Welt geschickt hat. Ich werde sie bis zum Letzten einsetzen, so wie ich mich auch nicht schonen werde. Du kennst mich doch!«
Galt die TITANIC nicht vor der Katastrophe auch als unsinkbar?!

Ross mahnte Wegzeichen für eine eventuelle Suchexpedition an, die Admiralität gab dem Expeditionsleiter 1.000 (!) Messingzylinder mit, in denen Nachrichten und Positionsmeldungen über Bord geworfen werden konnten. Außerdem sollten Nachrichten in den Zylindern an Land hinterlegt werden. Franklin hat keinen einzigen dieser Nachrichtenzylinder benutzt! Warum nur?
Es gibt keine Überlebenden dieser Expedition, der Einzelheiten und Wahrheiten berichten könnte. Die Geschichte kennt nur die »Franklin-Expedition«, der Admiral ist nach wie vor der Held, der Führer, der in seiner tragischen Rolle mit ums Leben kam. – So wie wenige Jahre später Kapitän Robert Falcon Scott am Südpol. Auch er hatte nicht auf erfahrene Ratgeber gehört und nur deshalb seine Männer insi cheren den Tod geführt.

Ein »gemütliches Café« in Point Barrow, dem nördlichsten Punkt Amerikas – und dem Ende der Nordwest-Passage. Unter der Nummer 852 2227 kann man hier das nördlichste Taxi auf dem amerikanischen Festland bestellen.

Wir standen auf der Beechey-Insel vor drei einsamen Gräbern, aber der Admiral war nicht dabei. Nein, das war keine »Franklin-Expedition«. Das war eine Expedition von 129 Männern, eine Expedition von 129 Einzelschicksalen, die nach und nach in der tödlichen Arktis zerbrachen. 129 Männer haben hier gelitten, sind erfroren, an Skorbut gestorben, an Erschöpfung, sind im eisigen Sturm einfach liegengeblieben, wurden vorher wahnsinnig, weil ein stolzer Admiral sie in die Irre geführt hat. Und 128 von ihnen klagen zusammen mit ihren Bräuten, Frauen und Müttern ihren Vorgesetzten an:
»Was hast du für unsere Sicherheit getan?«
»Wo waren die Schlitten und Hunde für eine Überlandexpedition?«
»Hast du die Jagdplätze der Eskimos gekannt?«
»Wie jagt man Polarfüchse, Robben und Moschusochsen, Herr Admiral?«
»Wo hast du Nachrichten hinterlegt – für unsere Sicherheit?«
»Warum mußten wir so grausam zugrunde gehen?«

Es wird ständig von den unzähligen Rätseln der Franklin-Expedition gesprochen. Dabei gibt es gar nicht so viele. Der Fahrtverlauf ist klar aufgezeichnet, der erste Überwinterungsplatz auf Beechey ist gefunden, ebenso der Platz vor Kap Felix, an dem die beiden Expeditionsschiffe aufgegeben wurden, und die Route des Todesmarsches der letzten hundert Männer bis nach Kanada.

Wo also sind die Rätsel?
Es wurde ein einziges Dokument hinterlegt und elf Jahre später von McClintock entdeckt. Ein seltsames Dokument, das voller Fehler steckt und doch – fast – alles über die Katastrophenexpedition aussagt.

Wenige Meilen östlich von den drei einsamen Gräbern auf Beechey stand das Winterlager. Und irgendwo da draußen steckten die Schiffe Ihrer Majestät EREBUS und TERROR im Wintereis. Das war 1845. An ihren Mastspitzen flatterten die englischen Farben, und auf den Decks standen die Offiziere in glänzenden Uniformen. Blau gekleidete Matrosen liefen hin und her und pendelten zwischen Schiff und Insel. Am Ostrand der Beechey-Insel wurden Lagerschuppen gebaut, da klang das Hämmern der Zimmerleute durch die klare Arktisluft. Vorräte wurden eingelagert, Tauwerk repariert, Kleidung für den Winter neu genäht. 128 Männer brachten Leben nach Beechey-Island; sie lachten, prügelten sich, spielten Karten, würfelten und vertrauten blind ihrem Admiral. Sie glaubten an seine unfehlbare Polarerfahrung. Niemand dachte an eine Tragödie, die schon hier begann!

Im Januar 1846 starben die ersten Männer. An Skorbut? An Schwindsucht? An einem Unfall? Vielleicht explodierte ein Ofen, vielleicht gab es eine Fleischvergiftung. Oder kam ein Bär ins Lager?

Was war mit der vermuteten Bleivergiftung? Die mag eine Mitschuld gewesen sein, aber sicher nicht der Hauptverursacher der Katastrophe.

Anfang der achtziger Jahre im vergangenen Jahrhundert haben die kanadischen Wissenschaftler Owen Beattie und John Geiger die Toten der Beechey-Insel vollständig erhalten aus dem Permafrost exhumiert. Die Untersuchung der entnommenen Gewebeproben hat eine erhöhte Dosis an Blei ergeben. Daraus schlossen die Kanadier, daß die drei betroffenen Seeleute – und vermutlich auch die gesamte Expedition – an einer Bleivergiftung gestorben sind. Diese Bleivergiftung war angeblich das Resultat der schlecht verlöteten Konservendosen.

Buch und Film dieser »Beechey-Insel-Expedition« erregten weltweites Aufsehen. Hatten Beattie und Geiger mit ihren Recherchen das letzte Rätsel um Franklin gelöst? Ich sage nein – sie haben aber die Weltöffentlichkeit erneut und sehr eindrucksvoll auf das damalige Drama in der Arktis hingewiesen. Heute weiß man, daß der hohe Bleigehalt in den Körpern der drei Matrosen für die damalige Zeit durchaus nicht ungewöhnlich war. Und die Geschichte mit den schlechten Konservendosen war auch nicht neu. Während die Franklin-Expedition in London bereits als verschollen galt, gab es in England besonders häufig Reklamationen in bezug auf die betreffenden Konservendosen, mit denen auch Franklin ausgerüstet war. Viele Doseninhalte wurden unmittelbar nach dem Kauf schlecht. Sir John Ross hat die Admiralität sofort nach Bekanntwerden solcher Fälle informiert und erneut gewarnt. Seine Ausführungen wurden aber als Schwarzseherei abgetan.

Auch Amundsen schreibt, daß ihm Eskimos von verdorbenen Franklin-Konserven berichtet hatten. John Ross berichtet dagegen, daß er Parrys Konserven – vom selben Hersteller – im Depot in allerbestem Zustand gefunden hatte: »Obgleich sie vier Jahre lang jedem Wechsel der Witterung ausgesetzt waren, hatten sie nicht im geringsten gelitten.«

Martin Selber hat Anfang der fünfziger Jahre seinen Roman »Und das Eis bleibt stumm« geschrieben. Gewiß, es handelt sich um einen Roman, aber Selber hat recht gut recherchiert und alle erhältlichen Fakten in seinem Buch verarbeitet. Er schreibt bereits ausführlich über die schlechten und »vergifteten« Konserven. Deshalb, so meine ich, haben Beattie und Geiger nichts wirklich »sensationell Neues« ans Tageslicht gebracht, außer den makabren Fotos der freigelegten Toten, die um die Welt gegangen sind und heute in fast allen Arktis-Publikationen auftauchen.

Bis jetzt ist nicht bekannt, ob Franklin im Jahr 1845 nur bis zur Beechey-Insel kam und seinen Vorstoß nach Norden durch den Wellington-Kanal bis hinauf zum 77. Breitengrad vor oder nach der Überwinterung durchgeführt hat. Wir wissen nur, daß Franklin auch an ein eisfreies Polarmeer im Norden glaubte – ebenso wie John Barrow in London – und schon immer davon träumte, dort oben den idealen kurzen Weg zur Bering-Straße zu finden.

Bis zur Beechey-Insel im Südwesten der Devon-Insel ist die Nordwest-Passage klar und logisch. Schaut man sich die Karte an, dann müßte es von der Beechey-Insel weiter nach Westen gehen, zunächst durch den Viscount-Melville-Sund und dann weiter durch die McClure-Straße in die Beaufort-See. Aber diese Idealroute ist fast immer vom Eis verstopft. Deshalb muß man von der Beechey-Insel nach Süden ausweichen, entweder östlich der Somerset-Insel bis zur Bellot-Straße zwischen Somerset und der Boothia-Halbinsel oder aber durch den weiter westlich gelegenen Peel-Sund zwischen Somerset und der Prince-of-Wales-Insel. Die Bellot-Straße, die 1993 Arved Fuchs fast zum Verhängnis wurde, führt schließlich auch in den Peel-Sund hinüber. Im Süden des Peel-Sundes muß sich jeder Kapitän erneut entscheiden; wähle ich den kurzen Weg durch die Victoria-Straße, das heißt westlich an der King-William-Insel vorbei, oder umrunde ich diese Schlüsselstelle mitten in der Nordwest-Passage östlich. Genau hier machte Franklin seinen entscheidenden und verhängnisvollen Fehler, für den er allerdings keine Schuld trägt. Er versuchte es durch die Victoria-Straße, diese Entscheidung war für ihn und seine Expedition tödlich. Hätte er die King-William-Insel östlich umfahren, so wie später Roald Amundsen und auch Arved Fuchs, wäre die Katastrophe vermutlich ausgeblieben, und Franklin hätte sich die Krone des Entdeckers der Nordwest-Passage aufsetzen können.

Ich selbst durchfuhr die Nordwest-Passage im Jahr 1994 auf der MS HANSEATIC unter dem Kommando von Kapitän Hartwig von Harling. Er wählte die Victoria-Straße. Wir kamen durch, allerdings nur mit Eisbrecherunterstützung.

King-William-Island wurde für die Franklin-Expedition zur tödlichen Falle. Bis dorthin sind die Männer mit ihrem Admiral gekommen. Wenige Meilen vor der Küste blieben die beiden Schiffe TERROR und EREBUS für immer im Eis stecken. Das war am 12. September 1846.

Von Norden driftete ständig neues Eis in den »Trichter« Victoria-Straße. Das Eis schob die festgefahrenen Schiffe weiter nach Süden. Vielleicht wären sie irgendwann einmal in das freie Wasser des Queen-Maud-Golfes getrieben – in zehn oder auch in fünfzehn Jahren!

Die Franklin-Expedition überwinterte auf den eingefrorenen Schiffen zum zweiten Mal. Es war der Winter 1846/47. Während dieser Überwinterung starb der Admiral am 11. Juni 1847. Woran starb er? Niemand weiß das. Nach Franklins Tod hatte der Kapitän der HMS TERROR, Francis R. M. Crozier, das Kommando der Expedition übernommen und beide Schiffe mit den übriggebliebenen 105 Seeleuten nach einer dritten Überwinterung am 22. April 1848 verlassen, um einen verzweifelten Marsch zum kanadischen Festland anzutreten. Niemand überlebte diesen Todesmarsch an der Westküste der King-William-Insel entlang und über die Simpson-Straße zur Halbinsel Adelaide. Dort wollten die Männer den Back River erreichen.

All diese Informationen stammen aus dem einzigen Dokument der Franklin-Expedition, das von McClintock im Frühjahr 1859 an der Westküste der King-William-Insel bei Victory-Point gefunden wurde. Die so lange und sehnsüchtig gesuchte Botschaft steckte in einem Steinhaufen und stand auf einem Vordruck, den Franklin auf Befehl der Admiralität ständig hinterlegen und in verschlossenen Messingzylindern auch dem Meer übergeben sollte – so wie eine Flaschenpost.

ARCTICAB. Hier ist es – oder sie – die Fahrerin des nördlichsten Taxis in den USA. Wir Nordwest-Passage-Passagiere sind zurück in der Zivilisation.

Selten wurde mit so wenigen Sätzen so viel erzählt. Und selten steckten in einer schriftlichen Nachricht so viele Fehler und Rätsel!
»28. Mai 1847. HMS EREBUS und TERROR überwinterten im Eis auf Lat. 70° 5' N Long. 98° 23' W. Davor überwintert in 1846/47 auf Beechey-Island auf Lat. 74° 34' 28'' N. Long. 91° 39' 15'' W. nach dem Aufstieg bis Lat. 77° im Wellington-Channel und der Rückkehr auf die Westseite von Cornwallis-Island. Sir John Franklin befiehlt die Expedition. Alle wohlauf. Ein Trupp, bestehend aus zwei Offizieren und sechs Mann, hat die Schiffe am Montag, dem 24. Mai 1847, verlassen. G.M. Gore, Lieut. Chas. F. Des Voeux, mate.«

Das Datum der Überwinterung auf Beechey ist falsch, die dortigen drei Grabinschriften belegen das. Franklin hat 1845/46 auf Beechey überwintert. Die Nachricht sagt auch nicht, ob man vor oder nach der Überwinterung, also 1845 oder erst 1846, im Wellington-Kanal bis 77° Nord gefahren ist. Warum steht auf der Nachricht kein Wort über das Ziel der Offiziere? Warum haben sie die Schiffe am 24. Mai verlassen?
»Alle wohlauf«, das heißt, auch der Admiral war am 28. Mai wohlauf und starb dann nur wenige Tage später – am 11. Juni! Eine Bleivergiftung war deshalb sicher nicht die Ursache. War Franklin verzweifelt? Hatte er bereits aufgegeben und seine Männer mit dieser Nachricht nach Norden geschickt? Zum Lancaster-Sund? Weil nur dort mit einer Suchexpedition zu rechnen war? Haben die Männer auf dem Weg nach Norden umkehren müssen und die Nachricht zurückgebracht – oder bei Victory-Point hinterlegt.
Elf Monate (!) später wurde auf demselben Zettel eine zweite Nachricht von den beiden Kapitänen Francis R. M. Crozier und James Fitzjames ge-

schrieben, die das Todesdatum von Sir John Franklin bestätigt und die endgültige Aufgabe der beiden Schiffe meldet.
»25. April 1848. HMS TERROR und EREBUS wurden am 22. April 15 Meilen von hier aufgegeben, nachdem sie seit dem 12. September 1846 eingeschlossen waren. Offiziere und Mannschaften, bestehend aus 105 Seelen, unter dem Befehl von F.R.M. Crozier landeten hier auf Lat. 69° 37' 42'' N., Long. 98° 41' W. Sir John Franklin starb am 11. Juni 1847. Der gesamte Verlust an Toten dieser Expedition war bis heute 9 Offiziere und 15 Mann. F.R.M. Crozier, Kapitän und Seniorofficer. James Fitzjames, Kapitän HMS EREBUS. Und brechen morgen, am 26., zum Back Fish River auf.«

Was war während der langen Zeit zwischen diesen beiden Meldungen geschehen? War der Zettel so lange an Bord, vielleicht im Logbuch von Crozier? Oder hat er ihn nach dem Verlassen der Schiffe im Steinhaufen bei Victory-Point wieder aufgesucht und ergänzt?
Dieser traurige Zettel hat den Untergang der Franklin-Expedition bestätigt und den Suchexpeditionen den weiteren Weg des Fußmarsches gewiesen – allerdings 11 Jahre zu spät.
John Rae, ein britischer Arzt und Angestellter der *Hudson's Bay Company*, war 1853 im Süden der Halbinsel Boothia unterwegs, um Vermessungsarbeiten an der kanadischen Nordküste durchzuführen. Dabei erfuhr er von Eskimos, daß vier Jahre vorher etwa vierzig Weiße durch diese Gegend marschiert waren und ein sehr schweres Boot hinter sich herzogen. Die völlig abgemagerten Männer, so berichteten die Eskimos, hatten keine Lebensmittel mehr und kauften bei ihnen Robbenfleisch. Rae hörte von den Eskimos auch, daß man später in jenem Jahr auf die Leichen von dreißig Menschen gestoßen war und auch auf einzelne Gräber. Und schließlich konnte Rae sogar einige Gegenstände der Franklin-Expedition von den Einheimischen zurückkaufen; Löffel und Gabeln und einen Silberteller mit der Gravur »Sir John Franklin, K.C.H.«.
Das englische Parlament zahlte John Rae für diese Nachricht 10.000 Pfund Belohnung.
Nach Raes Bericht folgten andere Suchmannschaften den Spuren, sie fanden weitere Reste der Franklin-Ausrüstung und auch Leichen. Die im Eis festliegenden Schiffe TERROR und EREBUS wurden schließlich von den Eingeborenen ausgeplündert, bevor sie vollständig sanken. Solche Plünderungen waren damals üblich. Im Jahr 1925 hat Knud Rasmussen auf der King-William-Insel noch Gebeine gefunden und beigesetzt. Schließlich erinnerte sich auch eine Eskimofrau an den – vielleicht letzten – Überlebenden am Back Fish River:
»Er saß am Strand, war groß und stark und hatte den Kopf auf die Hände gestützt. Als er den Kopf erhob und mit mir sprechen wollte, fiel er tot auf die Erde.«
War das Kapitän Francis R.M. Crozier – eventuell mit dem so wichtigen Logbuch im Rucksack?
John Franklin hat nicht auf seinen erfahrenen Freund John Ross hören wollen. Dennoch hat Ross dem Admiral noch einen letzten Liebesdienst erwiesen, obwohl dieser längst die Augen geschlossen hatte. Im Januar 1850 fuhr der Kapitän und Arktisforscher mit den beiden Schiffen FELIX und MARY erneut in den Lancaster-Sund, um Franklin zu suchen. Sir John Ross war bei diesem Kommando bereits 74 Jahre alt!
Nein, die Nordwest-Passage führte nicht zu den goldenen Pflastersteinen von Cathay. Sir John Franklin hat die Nordwest-Passage auch nicht entdeckt, vielleicht glaubte er trotzdem an seinen Erfolg. Franklins Biograph Traill vermutet das. Er glaubt, daß Leutnant Gore nicht nach Norden aufgebrochen ist, sondern die King-William-Insel bis hinunter zur Simpson-Straße erkundet hat und dem Admiral noch vor seinem Tod vom offenen Wasser im Süden berichten konnte. Das mußte der Anschluß nach Westen sein. Traill schreibt:
»Wir haben guten Grund als sicher anzunehmen, daß Franklins Todesstunde durch diese gute Nachricht erhellt wurde und daß er in dem glücklichen Gefühl starb, die Mühen und Leiden seiner Expedition und seines Lebens seien nicht vergeblich gewesen.«
Also doch ein Held? Oder wollten das Traill und seine meist englischen Leser nur so sehen!?
Kapitän Robert McClure fand während seiner Suchexpedition nach Franklin in den Jahren 1850 bis 1852 das letzte noch unbekannte Zwischenstück der Nordwest-Passage. Er hatte die Suche nach dem Admiral längst aufgegeben und forschte weiter nach der Passage. Zwischen Banks und Victoria steuerte er seine INVESTIGATOR in einen engen Fjord, der heute Prince-of-Wales-Straße heißt. Die beiden Küsten vor dem Bug des Schiffes rückten mit jedem Tag näher aneinander. Der Winter stand vor der Tür, aber noch schob ein guter Südwestwind ihr Schiff weiter nach Nordost, Meile für Meile dem Melville-Sund entgegen. Es waren schließlich nur noch 30 Seemeilen bis zum Sund, der ja schon von Parry im Jahr 1819 erkundet war. Jetzt schloß das schwere Packeis des Melville-Sundes die Durchfahrt, die Prince-of-Wales-Straße. Sollte sich McClure zurückziehen und so kurz vor dem seit Hunderten von Jahren gesuchten Ziel aufgeben? Oder konnte er mitten im Packeis überwintern?
McClure entschloß sich, das letzte Geheimnis der Nordwest-Passage auf dem Landweg zu enträtseln. Am 23. Oktober 1850 trat er mit sieben Männern eine Schlittenreise zum Melville-Sund an. Die Expedition erreichte die Küste im Norden und erkannte dort eine Anhöhe. McClure erklomm diesen Punkt zusammen mit seinem Maat Court und sah, daß sich die Küste der Banks-Insel von hier aus weit nach Westen zog, die von der Victoria-Insel aber nach Südosten. Vor den Männern lag bis zum fernen Horizont das Eis des Melville-Sundes.
Die Nordwest-Passage war nach so vielen Opfern endlich, endlich entdeckt!
»Mit gehobenem Gefühl, voll Freude und Dankbarkeit kehrten wir nach Stunden zu unseren Gefährten am Fuß der Anhöhe zurück. Sie begrüßten uns mit einem dreifachen Hurra. Zur Feier des großen Tages wurde aus Zwergweidenholz ein Feuer angezündet, und ich bewilligte jedem einen Becher steifen Grog.«

Im Juli 1851 geriet das Eis der Prince-of-Wales-Straße wieder in Bewegung, und McClure hoffte, er werde jetzt die Durchfahrt schaffen. Daraus wurde aber nichts, und deshalb beschloß der Kapitän, durch die Prince-of-Wales-Straße zurückzufahren und die Banks-Insel im Westen zu umsegeln. Er erreichte im Norden der Banks-Insel unter großen Schwierigkeiten die Mercy-Bucht – und die wurde zum endgültigen Eisgefängnis für sein Schiff INVESTIGATOR.

Kapitän Robert McClure hatte mit der westlichen Umfahrung der Banks-Insel sogar eine zweite Möglichkeit der Nordwest-Passage entdeckt. Bis zum Frühjahr 1853 blieb McClure allerdings Gefangener des Eises.

Zur gleichen Zeit suchte das Belcher-Geschwader im Parry-Kanal – das ist der Überbegriff für Lancaster-Sund, Barrow-Straße und Viscount-Melville-Sund – mit sechs Schiffen vergeblich nach Franklin. Eine Schlittengruppe erreichte durch einen Zufall die Mercy-Bucht und rettete McClure und seine Männer. Im Herbst 1854 traf McClure mit seiner Mannschaft wieder in England ein und kassierte die Belohnung von 10.000 Pfund, die seit 1818 auf den Entdecker der Nordwest-Passage gewartete hatte.

Die Passage war entdeckt, aber die Frage, ob sie auch schiffbar sei, blieb weiter ungeklärt. Mit dieser Frage hat sich dann McClintock auseinandergesetzt. In seinem Bericht über die Suchexpedition mit der FOX schreibt er:

»Was die Schiffbarkeit der Nordwest-Passage angeht, so schließe ich aus meinen Beobachtungen und aus den Berichten von Simpson, McClure und Collingson, daß die Aussichten, den Pazifik von der Barrow-Straße aus über den Peel-Sund und Kap Herschel an der Südwestspitze von King-Williams-Land zu erreichen, auf der Ostseite dieser Insel durch die James-Ross-Straße und dann weiter durch die Simpson-Straße, am besten sind.«

Mit dieser Aussage hatte McClintock die Route für Roald Amundsen bereits exakt vorgegeben.

H. M. S.hips Erebus and Terror
Wintered in the Ice in
28 of May 1847 Lat. 70°5' N Long. 98°23' W
Having wintered in 1846–7 at Beechey Island
in Lat 74°43'28" N. Long 91°39'15" W after having
ascended Wellington Channel to Lat 77° and returned
by the West side of Cornwallis Island.

Commander.

Sir John Franklin commanding the Expedition

All well

WHOEVER finds this paper is requested to forward it to the Secretary of the Admiralty, London, *with a note of the time and place at which it was found*: or, if more convenient, to deliver it for that purpose to the British Consul at the nearest Port.

QUINCONQUE trouvera ce papier est prié d'y marquer le tems et lieu ou il l'aura trouvé, et de le faire parvenir au plutot au Secretaire de l'Amirauté Britannique à Londres.

CUALQUIERA que hallare este Papel, se le suplica de enviarlo al Secretario del Almirantazgo, en Londrés, con una nota del tiempo y del lugar en donde se halló.

EEN ieder die dit Papier mogt vinden, wordt hiermede verzogt, om het zelve, ten spoedigste, te willen zenden aan den Heer Minister van de Marine der Nederlanden in 's Gravenhage, of wel aan den Secretaris der Britsche Admiraliteit, te London, en daar by te voegen eene Nota, inhoudende de tyd en de plaats alwaar dit Papier is gevonden geworden.

FINDEREN af dette Papiir ombedes, naar Leilighed gives, at sende samme til Admiralitets Secretairen i London, eller nærmeste Embedsmand i Danmark, Norge, eller Sverrig. Tiden og Stædit hvor dette er fundet önskes venskabeligt paategnet.

WER diesen Zettel findet, wird hier-durch ersucht denselben an den Secretair des Admiralitets in London einzusenden, mit gefälliger angabe an welchen ort und zu welcher zeit er gefundet worden ist.

Party consisting of 2 Officers and 6 Men left the Ships on Monday 24th May 1847

Gm. Gore
Chas F. Des Voeux

Die einzige schriftliche Botschaft der Franklin-Expedition wurde 1847 auf der Victoria-Insel hinterlegt. Das Original befindet sich heute im National Maritime Museum in Greenwich, die deutsche Übersetzung steht auf den Seiten 79/80.

Grönland spielte bei der Suche nach den nördlichen Seewegen nur eine untergeordnete Rolle. Es gab zwar immer wieder Versuche, im Norden dieser großen Insel auf ein offenes Polarmeer zu stoßen, aber völlig kompakte Eisfelder stoppten solche Unternehmungen. Deshalb teilte Grönland eher die beiden Seewege. Eine Verbindung von der Nordwest-Passage zur Nordost-Passage im Norden Grönlands ist auf

Grund der extremen Eisverhältnisse nicht möglich. Auf Grönland leben Grönländer und kaum noch Eskimos bzw. Inuits. Grönländer haben gemischtes Blut in ihren Adern; auf diese einst nur von Eskimos bewohnte Insel kamen Walfänger aus Holland, England und Skandinavien und nach ihnen die Dänen als Kolonialherren. Nur ganz oben im Norden leben bis heute noch etwa 1.000 reinrassige Polareskimos von der Jagd – und leider auch von dänischer Sozialhilfe. Beide Bilder zeigen diese letzten Polareskimos in der Thule-Region.

Hundeschlitten sind nach wie vor die idealen Transportmittel auf Reisen in Thule und in der hohen Arktis. Hier überqueren wir mit zwölf Hundegespannen den 800 Meter hohen Politiken-Gletscher auf dem Weg von Qaanaaq nach Thule Airbase. Das ist eine Reise von drei Tagen, übernachtet wird dabei in Zelten, bei Temperaturen bis minus 30°.

Trommeltanz um Mitternacht. Die Polar- oder Thuleeskimos pflegen ihre alten Traditionen. Von diesen Menschen hätten die frühen Polarfahrer unendlich viel lernen können. Profitiert vom Wissen der Eskimos haben erst Männer wie Fridtjof Nansen, Roald Amundsen und Knud Rasmussen. Der Jäger und Fänger Ajako fertigt seine Trommeln bis heute noch selbst an.

Die Arktis gilt als lebensfeindlich – und weist doch eine erstaunlich reichhaltige Tierwelt auf, die Wal- und Robbenfänger ebenso angezogen hat wie Pelzjäger. Polarfüchse – mal weiß und mal braun – traf ich vor allem in der amerikanischen Thule Airbase im Norden Grönlands. Sie sind die kleinsten Raubtiere der Arktis. Im eiskalten Winter legen sie ein sehr dichtes und deshalb

besonders attraktives Fell an, das von den Pelzjägern immer begehrt war. Im Sommer leben die Füchse von Kleinsäugern und brütenden Vögeln, die sie mit samt ihren Eiern oder Küken fressen. Für den Winter legen die klugen Füchse richtige Vorratskammern an – und folgen außerdem den Eisbären, um Reste einer Bärenmahlzeit zu ergattern.

Und hier sind sie – die Eisbären in der Arktis. Ob in der Nordwest-Passage oder in der Nordost-Passage, Eisbären gehören immer zu den ganz großen Attraktionen einer Schiffsreise. Heute werden sie gerne von Bord, also aus der absoluten Sicherheit, fotografiert. Früher, von den Pionieren der

nördlichen Seewege, wurden sie gejagt, um das eigene Leben zu retten oder um den meist monotonen Speiseplan aufzufrischen und die Vorräte zu ergänzen. Beide Bilder entstanden im Franz-Joseph-Land von Bord der IB Kapitan Dranitsyn. Durch das rasante Abtauen des Eises ist die Zukunft der Eisbären akut gefährdet.

Eisbären sind eigentlich fleischfressende Meerestiere, die fast ihr ganzes Leben auf dem Eis verbringen. Sie sind die absoluten Könige unter den arktischen Raubtieren und leben hauptsächlich von Robben, die sie entweder auf dem Eis angreifen oder im Winter direkt an deren Atemlöchern überraschen.

Unmengen von laut schreienden Seevögeln gehören zur Arktis wie der Sand zur Sahara. Die großen Vogelklippen an den Kaps und auf den Inseln werden immer wieder zu den schönsten Attraktionen arktischer Reisen. Hier sind es unzählige Dreizehenmöwen vor einem Gletscher, die ihre Nahrung im kalten, sauerstoffreichen Wasser finden.

Dickschnabellummen auf einem Vogelfelsen der Oranskiy-Inseln in der Nordost-Passage. Sie brüten eng nebeneinander sitzend auf schmalen Simsen und suchen sich ihre Nahrung ganzjährig zwischen dem Packeis.

Dreizehenmöwen sind anmutige Meeresvögel, die sich fast nur von Plankton ernähren und ebenfalls auf steilen Klippen über dem Meer nisten. In der Arktis treffen wir sie überall dort, wo im Frühling und im Frühsommer eisfreies Wasser entsteht.

Walrosse sind die schwergewichtigen Robben des Eismeeres. Starke männliche Tiere messen über 4 Meter und wiegen bis zu eineinhalb Tonnen. Die Weibchen bringen dagegen nur eine dreiviertel Tonne auf die Waage. Mit ihren gewaltigen Eckzähnen können sie Eis aufmeißeln und sich auf unebenen Flächen gut festhalten. Sie leben von Muscheln und Fischen,

die sie bis zu 60 Meter Tiefe auf dem Meeresboden erbeuten. Walrosse kennen keine Scheu, neugierig kommen sie direkt zu einem fahrenden Schlauchboot. Zu Angriffen kommt es dabei aber höchst selten. Die Tiere überwintern auf dem Inland- oder Meereis. Im April und Mai ziehen sie dann nach Norden, dabei folgen sie den Rinnen der aufbrechenden Eisdecke.

Mehr als zwei Jahre hatte diese Expedition im Packeis zugebracht und an einem strahlenden Augusttag des Jahres 1873 jenseits des 79. Grades nördlicher Breite einen bis dahin unbekannten Archipel im Polarmeer entdeckt – etwa sechzig Inseln aus Urgestein, fast zur Gänze unter einer mächtigen Gletscherdecke begraben, Basaltgebirge, neunzehntausend Quadratkilometer Leblosigkeit. Vier Monate des Jahres ging über diesem Inselreich die Sonne nicht auf, und von Dezember bis Jänner herrschte dort jene völlige Finsternis, in der die Lufttemperatur bis auf siebzig Grad unter Null der Celsiusskala fiel. Julius Payer und Karl Weyprecht, die Kommandanten der Expedition, hatten dieses entsetzliche Land zu Ehren ihres fernen Herrschers Kaiser-Franz-Joseph-Land getauft und damit einen der letzten weißen Flecken der Landkarte der Alten Welt getilgt.

Christoph Ransmayr

Reise ins Eis – Die Entdeckung des Kaiser-Franz-Joseph-Landes

Wer mir einen Helden zeigt, dem zeige ich eine Tragödie – sagt Francis Scott Fitzgerald. Karl Weyprecht und Julis Payer widerlegen dieses Zitat des berühmten amerikanischen Erzählers.

Das Kaiser-Franz-Joseph-Land wurde nie gesucht, sondern rein zufällig gefunden. Und wer über die Entdeckung dieses nördlichen Archipels schreibt, der muß auch über die beiden deutschen Polarexpeditionen der Schiffe GRÖNLAND, GERMANIA und HANSA sprechen – da gibt es Zusammenhänge. Im Grunde war die Reise der ADMIRAL TEGETTHOFF eine logische Fortsetzung der beiden deutschen Expeditionen – alle drei Unternehmungen suchten nicht etwa das Franz-Joseph-Land, sondern die nordöstliche Durchfahrt.

»Die norddeutsche und die österreichische Flagge wehten im leichten Nordwind in stiller Eintracht nebeneinander. Wir errichteten eine Steinpyramide und deponierten in derselben eine Dose mit einem kurzen Reisebericht.«

Diesen Satz vermerkte Carl Koldewey, Kapitän des deutschen Forschungsschiffes GERMANIA und Leiter der zweiten deutschen Polarexpedition. Unterschrieben ist der erwähnte Reisebericht vom 15. April 1870 von Koldewey und von Julius Payer, kaiserlicher und königlicher Oberleutnant aus Österreich-Ungarn. Ihm zu Ehren hatte man die Flagge Österreich-Ungarns neben der des norddeutschen Bundes gehißt. Die Männer standen an der Ostküste Grönlands auf 77° 1' nördliche Breite. Die deutsche Polarexpedition von 1870 hatte ihr Ziel, den Nordpol und eventuell sogar die Bering-Straße, nicht erreicht.

Unter Vorsitz des deutschen Geographen Dr. August Petermann fand am 23. Juli 1865 der erste Große Deutsche Geographentag in Frankfurt statt. »Ohne Kenntnis des Nordpols bleibt alles geographische Wissen lückenhaft und unzusammenhängend.« Das war und blieb Petermanns Grundeinstellung zeit seines Lebens. In einer geschickt und überzeugend formulierten Rede führte er in Frankfurt seine Idee von einer Nordpolarfahrt aus; man brauche eigentlich nur der relativ warmen Strömung des Golfstromes zu folgen, argumentierte er, um schließlich den Nordpol zu erreichen. Nach Durchbrechung des Packeisgürtels werde man wahrscheinlich auf eisfreies Wasser bis zum Pol stoßen. Petermann vermutete auch, daß der warme Golfstrom um die Nordspitze von Nowaja Semlja herumfließen müsse und deshalb die nordöstliche Durchfahrt dort zu suchen sei, wo Barents gescheitert war. Auch er war überzeugt; die Schiffahrt hätte großen Nutzen in der Entdeckung des kurzen Seeweges nach Osten, man bekäme so einen Zugang zu den sibirischen Elfenbeinlagern, und auch für den rückläufig gewordenen Walfang könnten sich neue Fanggebiete auftun. Deshalb wurde auf dieser denkwürdigen Tagung der Beschluß gefaßt, eine erste deutsche Expedition zum Nordpol zu unternehmen. Leiter dieser Expedition sollte Kapitän Carl Koldewey sein, der dazu in Norwegen die Yacht GRÖNLAND ankaufte und sie mit einer Besatzung von 13 Mann ausrüstete. 1886 begann die Expedition, die zunächst an der Ostküste Grönlands entlangführte und später bis in den Norden Spitzbergens gelangte. Aber der Erfolg blieb aus, starkes Packeis stoppte das kleine Schiff in Spitzbergen genauso wie schon vorher in Grönland.

Bereits ein Jahr nach dieser Erkundungsfahrt wurde unter Koldeweys Führung die zweite deutsche Nordpolexpedition mit den Schiffen HANSA und GERMANIA unternommen. Während die HANSA vom Eis eingeschlossen und zerstört wurde, gelangte die GERMANIA bis zur Sabine-Insel an der grönländischen Ostküste. Dort wurde sie für den Winter aufgelegt, und man wartete beharrlich auf den Beginn des nächsten Frühlings. Sobald die Temperaturen erträglich wurden, unternahm Kapitän Koldewey eine Schlittenreise nach Norden, um die vom Packeis eingeschlossene Küste zu erforschen und zu vermessen. Seine »rechte Hand« auf dieser 22tägigen Schlittenreise war der Österreicher Julius Payer. Der zeichnete sich durch große Umsicht und Zähigkeit besonders aus und entwickelte eine wahre Leidenschaft für polare Landschaften.

Nach Rückkehr der Expedition wurde Julius Payer von Kapitän Carl Koldewey mit besten Empfehlungen versehen und stand seit dieser Zeit in regem Kontakt und Gedankenaustausch mit Dr. August Petermann.

Julius Payer wurde am 2. September 1841 in Schönau in Böhmen geboren. Nach dem Schulbesuch trat er in das Kadetteninstitut Lobzowa ein und absolvierte anschließend die K.K. Militärakademie in Wiener Neustadt. Im Alter von 17 Jahren wurde Julius Payer als Unterleutnant einem Infanterieregiment zugeteilt. Kurz nach seiner Beförderung zum Oberleutnant zog Payer in den österreichisch-italienischen Krieg des Jahres 1866. Eine tiefe Liebe zur Bergwelt ließ ihn schon frühzeitig zum Alpenpionier werden. Beim Blick auf Gletscher und Gipfel erwachte in Payer der Alpenforscher, und seine künstlerischen Fähigkeiten veranlaßten ihn zu ersten Skizzen und Zeichnungen. Das Bergsteigen war für Payer nie Selbstzweck, es diente in erster Linie immer der geographischen Forschung. Die Ergebnisse wurden in Petermanns »Geographischen Mitteilungen« veröffentlicht. Die ersten Bergtouren Payers erfolgten aus eigenem Antrieb, aber bald schon kletterte er im offiziellen Auftrag des K.K. Kriegsministeriums. Schließlich wurde Julius Payer dem Militärgeographischen Institut in Wien zugeteilt.

1868 bekam Payer die Einladung von Dr. Petermann zur zweiten deutschen Nordpolexpedition. Unter seiner Führung drang man mit Schlitten bis über 77° Nord vor.

Schließlich folgte die österreichisch-ungarische Polarexpedition, auf der Payer für alle Landexkursionen verantwortlich war. Nach dieser so erfolgreichen Expedition wurde Payer in den österreichischen erblichen Adelsstand erhoben, nahm seinen Abschied als Offizier und übersiedelte nach Frankfurt. Dort und später auch in München und Paris widmete er sich ganz der Malerei und dem Kunststudium. Im Jahre 1912 erlitt Payer einen Schlaganfall, der ihn der Sprache beraubte. Drei Jahre später starb Julius Payer.

Als Julius Payer im April 1870 zusammen mit Kapitän Carl Koldewey den Umkehrpunkt auf 77° 1' Nord erreicht hatte, keimte in ihm der Gedanke, diesen Schiffsweg bis zur Bering-Straße nicht an den Küsten Grönlands zu suchen, sondern viel weiter östlich, an der russischen Insel Nowaja Semlja vorbei, wo schon so viele Expeditionen gescheitert waren.

Die Donaumonarchie Österreich-Ungarn war damals durchaus eine Seemacht und besaß eine eigene Marine. Sie war von der Idee einer eigenen Polarexpedition begeistert und übergab die Schiffsleitung dem Seemann Leutnant Karl Weyprecht. Weyprecht wurde 1838 in Darmstadt geboren. Dort besuchte er das Gymnasium und anschließend die höhere Gewerbeschule. 1856 trat er als Seekadett in die österreichische Marine ein und wurde sehr schnell zum Linienschiffsfähnrich befördert. Während eines Heimaturlaubs lernte auch Karl Weyprecht den deutschen Geographen Dr. Petermann kennen. Dabei wurde sein Interesse am Polargebiet geweckt. Im Herbst 1870 traf Weyprecht zum ersten Mal mit Julius Payer zusammen, der gerade auf der GERMANIA von Grönland heimgekehrt war.

Schon ein Jahr später starteten Weyprecht und Payer gemeinsam zu einer kurzen Vorexpedition. Im Grafen Hans Wilczek fanden die beiden »deutsch-österreichischen« Polarforscher einen vermögenden und einflußreichen Mäzen, der die Vorexpedition finanzierte und auch selbst an ihr teilnahm. In Tromsø wurde das kleine Segelschiff ISBJÖRN gechartert, und am 26. Juni ging man mit acht Mann Besatzung auf die Reise.

Das Jahr wartete mit trügerisch günstigen Eisverhältnissen auf. Sie gelangten ohne große Schwierigkeiten fast bis auf 79° nördliche Breite, und ein weiteres Vorankommen schien durchaus möglich zu sein. Aber der Proviant wurde knapp, und deshalb kehrte man voller Zuversicht um und begann umgehend, eine aufwendige Folgeexpedition vorzubereiten. Die optimistischen Berichte von Weyprecht und Payer zerstreuten die letzten Zweifel an der Durchführbarkeit einer solchen Expedition. Graf Wilczek unterstützte auch weiterhin das Unternehmen finanziell und durch seine guten Verbindungen. Die Industrie und schließlich auch der Staat konnten für das Projekt gewonnen werden. Es wurde ein »Verein zur Förderung der österreichischen Nordpolexpedition« gegründet und in Bremerhaven der bekannten Werft Tecklenburg der Auftrag erteilt, ein eisgängiges Schiff zu bauen. Selten war eine Polarexpedition so gut vorbereitet wie diese. Das Schiff wurde auf den Namen ADMIRAL TEGETTHOFF getauft und stellte für damalige Verhältnisse das Nonplusultra der Schiffsbaukunst dar. General Wilhelm von Tegetthoff war ein erfolgreicher österreichischer Marinekommandant, der 1866 die italienische Flotte besiegt hatte. Nach der Rückkehr vom Franz-Joseph-Land kam Weyprecht zu der Überzeugung, daß für künftige Expeditionen nicht mehr die Auffindung neuer Länder oder des Pols selbst Hauptzweck sein sollte, sondern vielmehr die wissenschaftliche Erforschung der Polarzonen. Deshalb schlug er vor, rings um den Pol Stationen zu errichten, die in erster Linie die Aufgabe haben sollten, gleichzeitige meteorologische, magnetische und kosmischphysikalische Beobachtungen zu machen, und zwar mit gleichen Instrumenten und nach gleicher Instruktion.

Aufgrund seines unermüdlichen Drängens beschlossen Österreich, Deutschland, Rußland, Schweden, Norwegen, Dänemark, Frankreich, England, Holland und die USA, 14 Polarstationen rund um die Pole zu errichten: zwölf im Nordpolar- und zwei im Südpolargebiet. Ein ganzes Jahr lang, vom Sommer 1882 bis zum Sommer 1883, führten diese Stationen ihre Beobachtungen durch.

Karl Weyprecht war ursprünglich für die Leitung der österreichischen Station vorgesehen, die zunächst auf Nowaja Semlja geplant, dann aber auf Jan Mayen gebaut wurde. Der Seemann aus dem Odenwald sollte die Verwirklichung seines Traumes nicht mehr erleben. Vom Franz-Joseph-Land hatte er Tuberkulose mitgebracht. Am 27. März 1881 kehrte Karl Weyprecht zu seinen Angehörigen nach Mittelstadt zurück, dort starb er zwei Tage später.

Das mit den Helden ist eine seltsame Geschichte. Julius Payer und Karl Weyprecht haben im Polargebiet weit mehr geleistet und entdeckt als ein John Franklin und auch als ein Kapitän Scott. Diese Namen wurden weltberühmt, die Berichte über ihre Expeditionen zu Bestsellern. Wer aber kennt Payer und Weyprecht? Diese Männer waren erfolgreich und haben keine Tragödie produziert. Ich glaube einfach, die Öffentlichkeit dürstet – leider – mehr nach Tragödien und Niederlagen als nach wirklichen Helden, die keine Fehler machen.

Am 13. Juni 1872 verließ die TEGETTHOFF mit ihren beiden Expeditionsleitern und 24 Mann Besatzung Bremerhaven. Das dreimastige Segelschiff hatte 220 BRT und eine kleine Hilfsdampfmaschine von nur 100 PS.

»Das Scheitern der zweiten deutschen Nordpolexpedition«, schreibt Julius Payer, »hatte die Fortsetzung der Polarforschung auf das Nowaja-Semlja-Meer hingewiesen.«

Zu der bunt zusammengewürfelten österreichisch-ungarischen Mannschaft notierte Karl Weyprecht in sein Tagebuch:

»Ich glaube, daß Matrosen unseres Küstenlandes, deren Bravour und Ausdauer bekannt ist, sich am besten für diese Expedition eignen würden. Sie sind gesunde, kräftige, findige und, was das Kostbarste ist, heitere Menschen. Sie werden ihre Leichtblütigkeit, ihren guten Humor auch in mißlichen Lagen nicht verlieren. Sie werden fluchen und beten, schimpfen und singen, aber sie werden arbeiten und nie die Flügel hängen lassen.«

Und mißlich war die Lage oft auf solchen Expeditionen. Während einer Schlittenreise notierte Julius Payer:

»In Europa zieht man sich zum Schlafengehen aus, in den Polarregionen dagegen an. Jedermann befreit zunächst den langen Bart von dichten Eisklumpen und sucht seine Reservestrümpfe oder die aus Bärenfell genähten Schuhe. Die Stiefel werden in den Schlafsack gesteckt, ihnen folgt der Leib. Der Raum ist so beengt und die Bevölkerung so dicht, daß, wenn man seine Stiefel ausziehen will, dies nur bewerkstelligt werden kann, indem man auf dem Bauch des Nachbarn sitzt. Wo das Knie ruht, hört man Schreie und fährt arglos zurück, dabei stößt man an die Lampe, eine deckellose Blechschüssel, welche, mit Bärenfett gefüllt, an einem Draht vom Zeltgiebel herabhängt. Eine Tranflut ergießt sich über uns; doch wer achtet solcher Dinge! Bedrohlich aber ist es, wenn das Zelt in Brand gerät, ein Fall, der zweimal auf unserer Reise eintrat. Im Nu loderten mehrere Quadratfuß Decken, auf welche brennender Spiritus verschüttet war, in Flammen. Wir verbrannten Pelzhauben und Handschuhe, in dem wir das Feuer zu ersticken versuchten. Danach zogen wir Strümpfe über unsere Hände.

Die eis- oder schneegefüllte Kochmaschine ist in Tätigkeit, rasch erhöht sie die Temperatur; mächtige Dampfwolken erfüllen das Zelt, so daß man die eigene Hand dicht vor den Augen nicht mehr sieht. Eine brennende Kerze gleicht dem hofumringten Mond, ein leichter Sprühregen fällt von der gänzlich durchnäßten Zeltwand herab, welche nach beendigter Dampfentwicklung sofort vereist. Die Feuchtigkeit der Kleider und Decken nimmt auf diese Weise täglich zu. Die Befriedigung des Durstes, dieses großen Ungemachs arktischer Schlittenreisen, durch geschmolzenes Eis und die Zubereitung des Nachtmahls (Kakao oder Kaffee mit ein wenig Brot oder Speck) hat die Spiritusflamme wohl eine dreiviertel Stunde in Anspruch genommen; hierbei verbreitet sich ein die Augen in hohem Maße angreifender Dunst – durch seine tägliche Wiederkehr eine immer neue Qual.

Der Schlaf, zu welchem nur 5–6 Stunden Zeit bleiben, soll den empfindlichen Nahrungsmangel vergessen machen. Doch man fühlt, daß der Schenkelknochen unmittelbar auf einem spitzen Stein ruht, den zu beseitigen die Erbauer des Zeltes übersehen haben. Doch mehr als alles quält jetzt die schneegefüllte Gummiflasche, natürlich nur denjenigen, der eben an der Reihe ist, sie zur Gewinnung von Trinkwasser auf den Bauch zu binden. Es ist 3 Uhr, Zeit zum Aufbruch. Anziehen, Kochen, Packen im Finstern usw. verursachen anfänglich viel Zeitverlust. Erst nach einer Stunde ermöglichen selbst Übung und Präzision den Abmarsch. Mangel an Achtsamkeit rächt sich durch bitteren Schaden. Der Wind hat den Deckel des Kochtopfs entführt oder einem den Handschuh geraubt. Wer seine Stiefel nachts im Freien ließ, findet sie jetzt voll Schnee, starr wie Eisenblech. Das Eis oder der Schnee in der leidigen Gummiflasche ist erst halb geschmolzen, und wenige Löffel Wasser sind alles, worüber die Reisegesellschaft zur Löschung ihres Durstes verfügen kann.«

Auf dem Schiff war es nicht viel gemütlicher:

»Wir saßen in der Kajüte, als der Kapitän plötzlich durch einen schwach vernehmbaren Hilferuf aufgeschreckt wurde. Eiligst stürmten wir den Niedergang hinauf an Deck. Börgens Ruf: ›Ein Bär schleppt mich fort!‹ schlug als furchtbare Mahnung, ihn zu retten, an unser Ohr. Es war finster, fast nichts zu sehen – wir stürzten in die Richtung, von wo her die Rufe erschollen, über Eishügel und Schneewehen fort, um unseren Gefährten dem Tier zu entreißen. Ein in die Luft abgefeuerter Schreckschuß hatte den Erfolg, daß der Bär seine Beute einmal aufgab und einige Schritte weit lief. Freilich kehrte er zurück und holte sie wieder; sein Opfer über das klippige Strandeis schleifend, kam er dicht an die nach Süd ziehende ebene Eisfläche. Alles hing davon ab, daß wir ihn einholten, bevor er diese gewann. Über ihre ununterbrochene Bahn wäre er trotz seiner Last mit der Schnelligkeit eines Pferdes entkommen. Es gelang. Der Bär wandte sich einen Augenblick gegen uns, ergriff aber beim allgemeinen Andrang und dem fortgesetzten Schießen die Flucht und ließ seine Beute fallen. Wir hoben unseren armen Gefährten vom Eise auf und wollten ihn in die Kajüte tragen; aber nach wenigen Schritten bestand der unerschrokkene Mann darauf, selbst im Eilschritt an Bord zu laufen.

Entsetzen überfiel uns, als Licht gebracht wurde. Der Bär hatte dem Mann die Kopfhaut in verschiedenen Richtungen aufgerissen, ihn auch an anderen Stellen mehr oder minder stark verletzt; Kleidung und Haar waren förmlich in Blut getränkt. Wir improvisierten in der hinteren Abteilung unserer Kajüte ein Lager, da Börgens Koje nicht Platz genug bot, und zogen uns auf die zwei Quadratklafter große Fläche zurück, welche Tisch, Mast, Ofen und Bett noch übrig ließen. Die ersten chirurgischen Operationen wurden auf dem Kajütentisch gemacht. Dabei mag der merkwürdige Umstand Erwähnung finden, daß, obgleich Börgens mehrere hundert Schritte weit mit halb entblößtem Schädel bei minus 25° gelaufen war, dennoch seine Kopfhaut so vollständig zusammenheilte, daß nicht ein einziges Stückchen abgestoßen wurde.«

Nein, Urlaubsreisen waren das wirklich nicht! Unter der Flagge der TEGETTHOFF hörte man alle Sprachen der österreichisch-ungarischen Donaumonarchie im wirren Durcheinander; Deutsch, Italienisch, Slawisch und Ungarisch. Italienisch war die Schiffssprache, und zum Gepäck der Expeditionsleiter gehörte auch ein Erlaß des russischen Zaren. Der besagte, daß jeder seiner Untertanen dem Vorzeiger des Schriftstücks Hilfe zu leisten habe.

Ein Dokument von großer Wichtigkeit, erklärte Julius Payer seinen Leuten, »wenn wir unser Schiff verlören und durch Sibirien zurückzukehren hätten«.

Am 14. Juli verließ die TEGETTHOFF Tromsø und damit endgültig die Zivilisation. Schon am 23. Juli verkündete eine plötzliche Abnahme der Temperatur die Nähe des Eises, das man viel weiter im Norden erwartet hatte. Am 25. Juli kam das Eis schon bei 74° 15' nördliche Breite in Sicht.

Am 29. Juli rammte das Schiff erstmals gegen dichtes Packeis. Payer notierte:

»Bei bedecktem Himmel gibt es nachts wohl kein melancholischeres Bild, als dieses flüsternde Hinsterben des Eises – langsam, stolz wie ein Festzug, zieht die ewige Reihenfolge weißer Särge dem Grabe zu, in die südliche Sonne.«

Und weiter lesen wir:

»Welche Veränderung aber, wenn die Sonne, von glänzenden Cirri umschwebt, durch die Nebel bricht und des Himmels Blau sich immer mehr öffnet, so daß die emporquellenden Dunstwolken bis an den Horizont zurückweichen! Die fernen Eisflöße unter der Sonne werden zu schwarzen Säumen zwischen feuerblitzenden Kanälen, in deren Spiegel die Mitternachtssonne zittert. Die Sonne hat ihren tiefsten Stand erreicht; sie beginnt zu steigen, und allmählich verwandelt sich der flammende Schein wieder in blendende Helle. Dann herrscht der Tag wieder und sein grelles Licht, vor dem alle Farbenglut und Traumhaftigkeit in Nichts zerrinnt.«

Am 21. August, vor drei Tagen hatte die Mannschaft fröhlich und optimistisch den Geburtstag von Kaiser Franz-Joseph I. gefeiert, wurde die TEGETTHOFF vom Eis eingeschlossen. Die Expedition befand sich erst auf 76° 22' nördliche Breite.

Payer schrieb in sein Tagebuch:

»Verzweifelung hätte uns erfüllen müssen, hätten wir an diesem Abend gewußt, daß wir fortan verdammt seien, willenlos den Launen des Eises zu folgen, daß unser Schiff niemals wieder seinen Beruf werde erfüllen können, daß alle Erwartungen schon jetzt eitel und vernichtet waren, damit auch alle unsere stolzen Hoffnungen – daß wir nicht mehr Entdecker waren, sondern unfreiwillige Passagiere des Eises.«

Zur gleichen Situation bemerkte Kapitän Weyprecht:

»Da man mir möglicherweise das Einfrieren des Schiffes zum Vorwurfe machen könnte, benutze ich diese Gelegenheit, um ausdrücklich hervorzuheben, daß ich das volle Bewußtsein hatte, das Schiff werde vom Eise besetzt werden, als ich an jenem Abend die Feuer in der Maschine auslöschen ließ. Mit vollem Dampfe hätten wir uns wohl noch ein paar Meilen weiter gegen Osten zwängen können, allein da in dieser Richtung keine Handbreit Wasser sichtbar war, so würden wir wahrscheinlich bald zu gezwungenem Halte gekommen sein, und der Kohlenkonsum wäre nutzlos gewesen.«

Am 1. Oktober bemerkten die Männer, daß die Kajütenlampe hin und her schwang – die Scholle, in der das Schiff festsaß, war in Bewegung geraten. Entsetzt eilten alle an Deck und starrten auf ein Chaos. Geschockt berichtete Julius Payer:

»Wie die Volksmenge bei einem Aufstande, so erhob sich jetzt alles Eis wider uns. Drohend erstanden Berge aus ebenen Flächen, aus leichtem Ächzen entstand ein Klirren, Brummen, Brausen, gesteigert bis zu tausendstimmigem Wutgeheul. Wie unzählige Teufel, aber gekleidet in das Gewand der Unschuld, schreiend, hohnlachend war alles Bewegung und Lärm geworden, Schritt für Schritt nahte das Verderben im Zerprasseln der Eisfelder.

Zerschmettert war nun unsere Scholle, zu wandelnden Bergen emporgedrückt, rasselten ihre

Blöcke auf und nieder. Hier überragten sie klafterhoch das Schiff, dort stürzten die Eismassen wie in einen Schlund hinab unter das Fahrzeug, und ein aufspringender Wasserschwall schlang würgend sie hinab. So kam immer mehr Eis unter das Schiff, und dieses begann aus dem Meere emporzusteigen. Es sind furchtbare Augenblicke, mitten in so einem zischenden Höllenkessel in einer Blase aus bebendem Holz zu leben.«

Der 21. Dezember kam, die Mitte der langen Nacht, Payer beschreibt das so:

»Nur die Rätsel des Himmels führen noch ihre erhabene Sprache. Flimmernd über der frosterfüllten Leere wölbt sich der unermeßliche Himmelsdom, farbige Lampen hängen an ihm nieder an unsichtbaren kosmischen Gesetzen; wie ruhelose Geister irren die Sternschnuppen durch den Raum, und geräuschlos ändern die Sternbilder ihre Lage. Sie sinken unter die schwarzen Eisgruppen des Horizonts hinab, neue tauchen auf, und ihr Lächeln zittert ununterbrochen in dem Kreislauf einer hundertneuntägigen Nacht.«

Mitte Februar hatte die Drift das eingeschlossene Schiff über den 79. Breitengrad gebracht.

Dann, am 15. Februar, kam die Sonne endlich zurück.

»Ein unbeschreiblich festliches Ereignis ist die Wiederkehr der Sonne für den Polarforscher«, schrieb Julius Payer später. »Nur mit ihrer halben Scheibe und zögernd hatte sich die Sonne erhoben über den düsteren Saum des Eises, als wäre diese Welt unwert ihres Lichtes. Und dennoch ist die Sonne das einzige Ereignis und Leben in diesem Reich des Todes, wenn sie gleich nicht wie im Süden vermag, daß der starre Leib der Schöpfung wieder erblüht und Blumen sich erheben aus seinem schneeigen Panzer.«

Mit der Sonne, dem Frühling und schließlich dem Sommer kam aber keine Befreiung. Das Eis hielt Schiff und Mannschaft weiter gefangen.

Der 30. August 1873 riß die Männer endlich aus ihrer Lethargie: Es war um die Mittagszeit, als einige von der Mannschaft, an die Bordwand gelehnt, in den flüchtigen Nebel starrten, durch den ab und zu das Sonnenlicht drang. Plötzlich hob sich der Dunst und gab den Blick auf rauhe Felszüge im Nordwesten frei. Gebannt und doch voller Unglauben schauten sie hinüber, dann brachen sie in Jubelrufe aus:

»Land, Land, endlich Land!«

»Alles war auf Deck geeilt«, schrieb Julius Payer, »um sich mit eigenen Augen Gewißheit darüber zu verschaffen, daß wir ein unentreißbares Ergebnis unserer Expedition vor uns hatten. Zwar nicht durch unser eigenes Hinzutun, sondern durch die glückliche Laune unserer Scholle, und wie im Traum hatten wir es gewonnen. Doppelt schmerzlich fiel unser Blick zugleich auf unsere unaufhaltsam dahinziehende Scholle, auf die Abhängigkeit von ihrer Willkür, auf den fehlenden Winterhafen, von dem aus allein das Land mit Sicherheit hätte erforscht werden können.«

Das Schiff wurde beflaggt und der Neuentdeckung der Name »Kaiser-Franz-Joseph-Land« gegeben. Tage später notierte Julius Payer:

»Es gab keinen Tag, keine Stunde mehr, in der dieses geheimnisvolle Land nicht unsere Aufmerksamkeit völlig erfüllte, und die Frage, ob dieser oder jener Vorsprung in nebelgrauer Ferne ein Berg, eine Insel oder ein Gletscher sei, beherrschte unsere Gespräche. Noch vergeblicher aber war unser Bemühen, das Rätsel von der Größe des vor uns liegenden Landes zu lösen.«

Am 1. November gelang es Julius Payer endlich, das neue Land mit einer kleinen Schlittenmannschaft zu betreten.

Die zweite Überwinterung begann mit neuen Krankheitsfällen unter der Mannschaft. Erst im nächsten Frühling konnte Payer die Schlitten bepacken und *sein* Franz-Joseph-Land erforschen. Unter größten Strapazen kämpfte er sich bis zur nördlichsten Insel durch.

Aber während dieser qualvollen Schlittenreise hatte sich die Situation an Bord der TEGETTHOFF dramatisch verschlechtert. Skorbut und Schwindsucht forderten ihr erstes Opfer, den tapferen Maschinisten Otto Krisch.

Am 19. März 1874 trugen sie den Sarg über die Preßeisbrücken zur drei Meilen entfernten Küste. Dort fand Otto Krisch seine letzte Ruhe.

Bis zum 15. Januar hatte Otto Krisch noch ein eigenes Tagebuch geführt:

»24. Dezember. Weihnachtsgeschenke werden ausgepackt und auf Tischen ausgebreitet. Abends geht die ganze Mannschaft in den Schneepalast, in dem bei beleuchtetem Christbaum die Geschenke verteilt werden. Ich konnte aber an diesem so wohltuend wirkenden Fest leider nicht teilnehmen, da ich im Fieber lag.

26. Dezember. Zu meiner Krankheit gesellt sich noch eine viel gefährlichere; Skorbut. Das Zahnfleisch ist geschwollen und mit Blut unterlaufen, rote Flecken sind an Händen und Füßen sichtbar.

31. Dezember. Heute wurde der Silvesterabend gefeiert und das Jahr 1874 willkommen geheißen. Ich blieb bis 10 Uhr bei Tisch, ging dann aber zur Ruhe.

12. Januar. Mein Zustand hat sich bedeutend gebessert; das Fieber blieb gänzlich aus; nur fühle ich bei namenloser Schwäche noch heftige Schmerzen in den Füßen.

13. Januar. Heute sind wir 550 Tage auf See; mein Gesundheitszustand bessert sich.

14. Januar. Ich bekam abermals einen starken Fieberanfall und muß im Bett bleiben und werde die weiteren Eintragungen bei meiner Wiedergenesung dem Schiffstagebuch entnehmen.

15. Januar. Wind aus N.N.O. 4 und Nord, dann Stille …«

Das waren die letzten bereits mit unsicherer Hand geschriebenen Worte.

Im Oktober 1874 – die Expedition war wieder in Österreich – hielt der Schiffsarzt Dr. Kepes einen Vortrag, in dem er unter anderem sagte:

»Dort ruht unser unvergeßlicher Freund auf dem Kap Wilczek in einer tiefen Felsspalte; außer dem wildstürmenden Unwetter, das über seinem verlassenen Grabe braust, stört nichts seine Ruhe. Aber das ist so schrecklich! – Wenn irgend etwas auf der

Unterwegs zum Franz-Joseph-Land. Nebel und Eisfelder – Eisfelder und Nebel! Bei Windstille ist das ein großartiger Anblick.

Welt vorhanden wäre, was die Toten aus dem ewigen Schlaf emporzurütteln vermag, dann wäre das ohne Zweifel der schauerliche Sturm, der das Franz-Joseph-Land heulend durchzieht.
Und wenn nach Jahrhunderten wieder einmal Menschen das Kap Wilczek betreten sollten, dann wird ihnen ein einfaches Kreuz auf eisigem Boden künden: Hier ruht ein Mann, in weitentlegenem Land geboren, und hier verstorben, ein Held der Wissenschaft.«

Während sie Otto Krisch begruben, war Julius Payer unterwegs. Über diese letzte große Schlittenreise in den Norden schrieb er:
»Zur Stärkung der Männer haben wir etwas Rum mitgenommen. Jeder empfängt seinen Anteil kniend, da er ihm in den Mund geschüttet werden muß, damit der Metallbecher beim Trinken nicht an den Lippen festfriert.
Trotz seiner Stärke schien dieser Rum alle Kraft und Flüssigkeit verloren zu haben. Sein Geschmack glich dem unschuldiger Milch …
Bärenfleisch bildete jetzt vorzugsweise unsere Nahrung. Schwer war der Schlitten schon damit belastet. Wir genossen es nach Belieben roh oder gekocht. Mangelhaft gekocht, besonders von alten Bären, war es noch schlechter als roh. Eine wahre Kost für Möwen, kaum geeignet für die Diät von Teufeln an den Fastentagen der Hölle.«

Am nördlichsten Kap wurde die Flagge Österreich-Ungarns gehißt. Daneben deponierte man in einer Felsspalte, wohl verwahrt in einer Flasche, das folgende Schriftstück:
»Die Teilnehmer der österreichisch-ungarischen Nordpolexpedition haben hier in 82° 5' ihren nördlichsten Punkt erreicht, und zwar nach einem Marsch von siebzehn Tagen von dem in 79° 51' nördliche Breite vom Eis eingeschlossenen Schiff aus. Sie beobachteten offenes Wasser geringer Ausdehnung längs der Küste. Es war von Eis umsäumt, das in Nord- und Nordwestrichtung bis zu Landmassen reichte, deren mittlere Entfernung 60 bis 70 Meilen betragen mochte, deren Zusammenhang und Gliederung sich jedoch nicht ermitteln

ließen. Sofort nach der Rückkehr zum Schiff und nach Erholung daselbst wird es die gesamte Mannschaft verlassen und nach Österreich-Ungarn zurückkehren. Dazu zwingen sie die rettungslose Lage des Schiffes und Krankheitsfälle.
Kap Fligely, am 12. April 1874 gezeichnet
Antonio Zaninovich, Matrose
Eduard Orel, Schiffsfähnrich
Julius Payer, Kommandant.«

Nach endlosen Mühen und doch mit präzise und pflichtbewußt gezeichneten Karten erreichte die Schlittenabteilung am 3. Mai ihr Schiff.

Über diesen Rückweg lesen wir bei Payer:
»Ein steiniges Plateau dehnte sich vor mir aus. Bei jedem Schritt, mit steigender Aufregung nach vorne getan, sank das Land vor mir, der ferne Horizont des Eismeeres stieg empor, weithin seine unermeßliche weiße Öde. Kein Schiff lag darin, keine menschliche Spur auf Tausende von Meilen; nur hier eine aus Steinen erbaute Pyramide mit den flatternden Resten einer Flagge, dort ein schneeüberwehtes Grab. Höhe für Höhe stieg ich hinan. Plötzlich tauchten drei feine Masten vor mir auf, ich hatte das Schiff gefunden, drei Meilen fern im Eismeer erschien es nicht größer als eine Mücke.«
Julius Payer hatte auf Franz-Joseph-Land 450 Seemeilen zurückgelegt.
Eine dritte Überwinterung kam nicht mehr in Frage. Proviant und Brennmaterial reichten dafür nicht aus, und der Gesundheitszustand der Männer war inzwischen besorgniserregend. Am 20. Mai 1874 gaben die Männer ihr Schiff auf und zogen mit Rettungsbooten über das Eis nach Süden. Die ADMIRAL TEGETTHOFF wurde nie mehr gesehen.
In kleinen Kanälen ließen sie die Boote zu Wasser. Dann wurden sie wieder mühsam auf das Eis geschleppt und weitergezerrt. Meter um Meter, Meile für Meile. Niemand war sich bei dieser Plackerei sicher, ob sie je offenes Wasser erreichen würden und mit ihm die Zivilisation.
Payer notierte während dieser Reise ins Ungewisse: »Mein Sinnen und Trachten geht darauf hinaus, die Journale und Aufzeichnungen deponieren zu können, damit sie im kommenden Jahr aufgefunden werden. Dies hoffe ich wenigstens zu erreichen. Es kommt mir alles darauf an, jenen Leuten die Mäuler zu stopfen, die es für unmöglich hielten, daß unsere Südländer die Strapazen ertragen, und die mich des Leichtsinns und des Unverständnisses anklagten, weil ich keine nordischen Matrosen nahm, während doch keine Mannschaft der Welt die Strapazen besser ertragen hätte, als die unsrige. Es gibt mehrere unter unseren Matrosen, die während der ganzen Reise niemals ihren Pelz angezogen haben. Der große Haufe glaubt, nur der Engländer sei zu derartigen Unternehmungen geeignet, und hat keine Idee, welch prachtvolles Material an Seeleuten wir im eigenen Lande haben, wenn sie nur richtig geführt und behandelt werden. Daß ich darin gegen die Ansicht sehr vieler Seeleute unserer eigenen Flagge recht hatte, ist mein Stolz. Es bekümmert mich mehr, daß dies

Das Kap Tegetthoff, benannt nach dem Schiff der Entdecker. So wurde das Franz-Joseph-Land erstmals von Julius Payer und Karl Weyprecht am 30. August 1873 gesehen.

bekannt wird, als die Entdeckung von Franz-Joseph-Land.«

Endlich, am 14. August, erreichten die gepeinigten Männer das offene Meer, und schon wenige Tage später tauchten die Bergspitzen von Nowaja Semlja auf. Am 24. August stieß die Österreichisch-ungarische Nordpolexpedition in der Dunen-Bucht auf die russischen Schoner NIKOLAI und WASSILI.

Payer notierte:

»Der Empfang hätte für Mächtige nicht würdiger sein können, als er für uns Verschollene war; denn beim Anblick der beiden Ukassen, welche wir aus Petersburg erhalten hatten, und die allen Bewohnern des russischen Reiches anbefahlen, uns hilfreichen Beistand zu leisten, entblößten diese dürftigen Fischer ihre Häupter und verbeugten sich bis zur Erde – wir hatten ein Bild vor uns, wie man Befehle befolgt, Tausende von Meilen entfernt, von wo sie erlassen waren. Allein der Empfang war auch herzlich, und alles Köstliche an Bord: Lachs, Rentierfleisch, Eidergänseeier, Butter, Tee, Brot und Branntwein wurde in Schüsseln vor uns aufgetragen.«

Ich sagte schon, die Öffentlichkeit dürstet nach mehr Tragödien und Niederlagen als nach wirklichen Helden, die keine Fehler machen.

Karl Weyprecht und Julius Payer sind Männer, die ich zusammen mit Ernest Shackleton, Roald Amundsen und Fridtjof Nansen in eine Reihe stelle.

Sie sind Helden, aber wo ist die Tragödie?

Der Sommer ist in der Arktis kurz und heftig, winzige Blumen drängen aus dem Eis in die 24 Stunden lang scheinende Sonne. Hier ist es arktischer Mohn (Papaver dahlianum) im Franz-Joseph-Land.

Das einsame Grab von Otto Krisch auf der Wilczek-Insel im Franz-Joseph-Land. Wir fanden das Kreuz im Jahr 2004 vom Sturm niedergedrückt. Hier wird es von dem Russen Victor Boyarsky wieder in Position gebracht und neu befestigt.

»Hier ruht Otto Krisch, Maschinist der Österreichischen Nordpol-Expedition, gestorben am 16. März 1874 an Bord des ADMIRAL TEGETTHOFF, 29 Jahre alt. Friede seiner Asche«.

Spitzbergen wurde von Willem Barents während seiner Suche nach der Nordost-Passage im Jahr 1596 entdeckt. Auf dem Panoramabild sind die spitzen Berge, die Namensgeber der Inselgruppe, gut zu sehen. Im Vordergrund liegt der Monacogletscher. In Spitzbergen scheint die Mitternachtssonne von Mitte April bis Ende August. Die sonnenlose Polarnacht dauert von Ende Oktober bis Mitte Februar.

Nach der Entdeckung Spitzbergens durch Willem Barents folgten unzählige Walfänger und Pelzjäger dem »Ruf des Nordens« nach gutem Profit. An vielen Stellen finden wir heute noch Spuren; Reste von Wal- und Robbenverarbeitungsplätzen und vor allem Walknochen. Diese Wirbel liegen auf der kleinen Insel Gashamna im Hornsund. Vermutlich waren norwegische Wikinger und russische Pomoren schon vor Barents auf Spitzbergen.

Bei allen Landgängen in der Arktis ist eine Bärenwache erforderlich, so wie hier auf Spitzbergen. Taucht ein Bär auf, dann läßt er sich meistens durch einen Warnschuß in die Luft schnell vertreiben. Im Jahr 2005 ist Victor Boyarsky zusammen mit dem österreichischen Bergführer Christoph Höbenreich auf Julius Payers Spuren mit Skiern durch das Franz-Joseph-Land gelaufen. Als Bärenwache hatte die Expedition einen verhältnismäßig kleinen Hund mitgenommen, und der hat tatsächlich durch sein Kläffen jeden Bären von den Lagern ferngehalten. Nur den allerersten hat der Hund verschlafen, weil er ganz einfach »hundemüde« war.

In der russischen Siedlung Barentsburg erinnert zumindest der Name an den Entdecker Spitzbergens. Holländer haben hier 1920 mit dem Kohlebergbau begonnen und im Jahr 1932 die gesamte Siedlung mit der Grube an Rußland verkauft. Dort wird bis heute Kohle abgebaut.

ДМИТРИЙ ДОНСКОЙ

Um 11 Uhr vormittags waren wir mitten in der Meerenge, die das Nördliche Eismeer mit dem Stillen Ozean verbindet. Erst jetzt, nach Verlauf von 336 Jahren, ist die Nordost-Passage bewerkstelligt worden. Und dies ist, dank der Tüchtigkeit der Leute unserer Marine und des Ordnungssinnes ihres Befehlshabers, ohne Krankheit unter den Teilnehmern der Expedition und ohne die geringste Beschädigung des Schiffes erreicht worden. Unter solchen Verhältnissen dürfte es wohl auch verzeihlich sein, daß wir mit Stolz die blau-gelbe Flagge nach der Mastspitze hinaufgleiten sahen und mit Stolz den schwedischen Salut auf der Meerenge hörten, über welche hinweg die Alte und die Neue Welt sich die Hände reichen.

Adolf Erik Nordenskiöld am 20. Juli 1879

»Es war so entsetzlich kalt und schaurig, daß ich allen Leuten Tee gab; dann schleppten wir uns mühsam vorwärts bis 5 Uhr nachmittags. Aßen unsere letzte Ration Fleisch und tranken wieder Tee. Unser Proviant besteht jetzt nur noch aus einer kleinen Menge Pemmikan und einem halb verhungerten Hund. Möge Gott uns beistehen.«

Kapitän George W. De Long

Die Durchfahrt auf der VEGA – und der Untergang der JEANNETTE

»Bad news are good news« für den Journalisten. Die Öffentlichkeit – und heute vor allem die Medien – gieren geradezu nach Katastrophen, die sich bekanntlich besser verkaufen als positive Meldungen. Selbst dieses Buch macht da keine Ausnahme, die schockierenden Berichte über Munk und De Long lesen sich spannender als die eher braven Erfolgsgeschichten eines Nordenskiöld oder Amundsen. Auf Nordenskiölds Fahrt mit der VEGA durch die Nordost-Passage lief einfach alles glatt und fast zu perfekt. Der einzige Makel war vielleicht die unbeabsichtigte Überwinterung nur wenige Meilen vor dem Stillen Ozean.

Dieser großartige Erfolg war aber kein Zufallsprodukt. Der finnisch-schwedische Forscher und Wissenschaftler Adolf Erik Freiherr von Nordenskiöld brachte über zwanzig Jahre lange persönliche Erfahrung in arktischen Gewässern in »seine« Nordost-Passage ein, die er vor allem in Spitzbergen und Grönland erworben hatte. Gleiches gilt für den ausgezeichneten Kapitän Louis Palander, der als erst sechsundzwanzigjähriger Erster Offizier im Jahr 1868 mit der SOFIA, einem schwedischen Marineschiff, bis 81° 42' vorgedrungen war. Kein anderes Schiff war vorher so weit nach Norden gefahren. Den endgültigen Plan, die Nordost-Passage zu durchfahren und anschließend ganz Asien zu umsegeln, beschloß Nordenskiöld am 26. Januar 1877 während eines gemeinsamen Essens zusammen mit König Oskar II. Und ein gutes Jahr später, am 22. Juni 1878, lichtete das 43 Meter lange und 357 Tonnen große Dampf-Segelschiff VEGA schon seinen Anker in Karlskrona. Die Dreimastbark, in Bremerhaven als Walfänger gebaut, war mit einer 60 PS starken Dampfmaschine ausgerüstet. Die VEGA wurde zunächst noch von drei Versorgungsschiffen, den Dampfern LENA und FRASER sowie dem Segler EXPRESS bis in die Kara-See begleitet. Knapp zwei Jahre später, am 24. April 1880, legte die VEGA wieder vor dem königlichen Schloß in Stockholm an.

Zum Zeitpunkt der VEGA-Reise war die Nordost-Passage in ihren Teilstrecken bekannt, James Cook hatte mit der RESOLUTION auf seiner Fahrt im Jahr 1778 das letzte Rätsel dieser Durchfahrt lösen können und bei klarer Sicht in der Bering-Straße erkannt, daß Asien und Amerika an keiner Stelle zusammenhingen. So hat Nordenskiöld keineswegs unbekanntes Land entdeckt, aber ihm gelang als erstem Seefahrer die Passage in ihrer ganzen Länge zu befahren. In sein Tagebuch schrieb er:
»Am 21. Juli war die Ausrüstung an Bord und die Mannschaft vollzählig. Um 2 Uhr lichteten wir die Anker und traten unter lebhaften Hurrarufen einer großen am Strand versammelten Volksmenge unsere Eismeerfahrt an.
Die Überfahrt von Norwegen nach Nowaja Semlja wurde anfangs von gutem Wind begünstigt. Am 28. Juli kam Land in Sicht; Nowaja Semlja.«

An der damals nur grob bekannten Küste der russischen Doppelinsel fuhr die VEGA durch fast eisfreies Wasser nach Süden zur Waigatsch-Insel. Zwischen Waigatsch und dem russischen Festland liegt die »Nassau-Straße«, die heute Jugor-Straße heißt. Bis hierher waren vor Nordenskiöld schon Barents und auch andere Seefahrer vorgedrungen. Sie alle sprachen von einem undurchdringlichen Nadelöhr zur Kara-See, das meist vom Eis total verstopft ist.

»Am 1. August hatten wir den Sund passiert und dampften in das östlich dahinter gelegene Meer, welches das Ziel so vieler Spekulationen und Vermutungen gewinnsüchtiger Kaufleute war. Gerade dieses Meer ist es, das den Wendepunkt aller früheren Nordostfahrten begründete. Der größte Teil des Eises, das sich im Winter in der Kara-See bildet oder aus dem nördlichen Polarbassin dort hinuntertreibt, wird gegen die Ostküste von Nowaja Semlja gedrückt, wo es die drei südlichen Sunde versperrt. Diese Verhältnisse haben der Kara-See ihren schlechten Ruf und den Namen ›Eiskeller‹ eingetragen.«
Nordenskiöld fand die Jugor-Straße in *seinem* Jahr fast eisfrei und notierte:
»Jetzt wissen wir, daß es sich gar nicht so gefährlich verhält, wie man früher glaubte, und daß man dieses Meer während des Sommers sehr wohl für die Schiffahrt nutzen kann.«

Da an Bord der VEGA nichts Dramatisches geschah, widmete sich Nordenskiöld vermehrt der arktischen Tierwelt und beschreibt auch seine Erfahrungen mit Polarbären:
»Der Eisbär findet sich überall längs der Nordküste Asiens und Amerikas, dem Anschein nach in um so größerer Menge, je weiter man nach Norden kommt. Es ist nicht schwer, einen Eisbären zu töten. Wenn das Tier einen Menschen bemerkt, nähert es sich gewöhnlich mit geschmeidigen Bewegungen und in hundert Zickzackwindungen, um nicht zu zeigen, wohin sein Ziel eigentlich geht, und dadurch seine Beute zu warnen. Hierbei klettert der Bär oft auf einen Eisblock und stemmt sich auf die Hinterbeine, um einen größeren Gesichtskreis zu bekommen. Wenn er glaubt, es mit einem Seehund zu tun zu haben, kriecht oder schleppt er sich auf dem Eis entlang und verbirgt die große schwarze Schnauze mit den Vordertatzen. Wenn man sich nur still verhält, kommt der Bär so nahe, daß man ihn aus geringer Entfernung leicht erlegen oder mit der Lanze töten kann. Begegnet man einem Eisbären unbewaffnet, so sind gewöhnlich einige heftige Bewegungen und Schreie ausreichend, um das Tier in die Flucht zu jagen; flieht man aber selbst, so kann man sicher sein, ihn dicht hinter sich auf den Fersen zu haben. Wird der Bär verwundet, dann flieht er stets. Oft legt er mit der Tatze Schnee auf seine Verletzung, und mitunter gräbt er im Todeskampf mit den Vorderfüßen ein Loch in den Schnee, um seinen Kopf darin zu verbergen.«

Und über die vielen Walrosse in der Nordost-Passage notiert Nordenskiöld:
»Geselligkeit und Neugierde scheinen die Hauptcharakterzüge der Walrosse zu sein. An einem Tag fuhr ich mit einem kleinen Ruderboot über das spiegelblanke, mit Treibeis bestreute Meer und mitten durch eine große Herde. Ein Teil der Tiere folgte meinem Boot ein langes Stück und in aller Friedlichkeit, dann und wann einen grunzenden Laut von sich gebend; andere schwammen ganz nah an mein Boot heran und erhoben sich hoch aus dem Wasser, um die Fremdlinge in Augenschein zu nehmen …

9. August. Warmes Wetter und ein eisfreies Meer begünstigen auch weiter unsere Fahrt; dann wurde der Nebel so dicht, daß die VEGA bei einer der vielen kleinen Inseln beilegen mußte.
Am 13. August segelten wir wieder an vielen Klippen und Inseln vorbei. Das Meer war anfangs ziemlich eisfrei, bedeckte sich aber später mit gleichmäßig dünnen Eisstücken. Auf unserer weiteren Fahrt hinderte uns jedoch der noch immer dichte Nebel.
Bald aber schimmerte eine dunkle, eisfreie Landspitze im Nordosten aus dem Nebel hervor. Ein nach Norden offener Busen schnitt hier in das Land hinein, und in diesem warfen wir am 19. August Anker. Wir hatten jetzt ein jahrhundertelang vergebens erstrebtes Ziel erreicht: Zum ersten Mal lag ein Fahrzeug an der nördlichsten Landspitze der Alten Welt vor Anker. Es ist deshalb nicht zu verwundern, daß dieses Ereignis durch Aufhissen der Flaggen und durch Kanonensalute sowie später, nachdem wir von unserem Ausflug ans Land zurückgekehrt waren, durch eine Festlichkeit an Bord mit Wein und Toasten gefeiert wurde.
Die Nordspitze Asiens bildet eine niedrige, in zwei Teile getrennte Landzunge, deren östlicher Arm sich ein wenig weiter nach Norden erstreckt als der westliche. Ein Bergrücken zeigt sich von der östlichen Spitze in südlicher Richtung. Aber kein Gletscher wälzte seine blauweißen Eismassen an den Seiten der Berge herab, und keine Eisseen, keine hervorspringenden Felsblöcke, keine hohen Bergspitzen verschönerten das Bild der Landschaft, welche die einförmigste und ödeste war, die ich im hohen Norden gesehen habe.«

Der nördlichste Punkt Asiens, das Kap Tscheljuskin, ist nach einem russischen Forscher benannt,

der 1742 diesen ausgesetzten Punkt auf dem Landweg durch Sibirien erreicht hat.
»In der Nacht zum 22. August dampften wir durch ziemlich dichtes Eis. Den ganzen Tag hindurch herrschte fortwährend ein so starker Nebel, daß man die Ausdehnung der Eisfelder in der Umgebung des Fahrzeuges nicht mehr sehen konnte. Wir waren deshalb gegen Mittag hin gezwungen, einen südlicheren Kurs zu nehmen. Da wir aber auch in dieser Richtung nicht vorwärts kommen konnten, legten wir in Erwartung klareren Wetters an einer größeren Eisscholle bei, bis es am Nachmittag etwas aufklarte. Es dauerte jedoch nur eine kurze Zeit, bis der Nebel wieder so dicht wurde, daß man ihn, wie die Seeleute sagen, mit dem Messer schneiden konnte. Es war jetzt wirklich Gefahr vorhanden, daß die VEGA bei Fortsetzung ihrer Fahrt in das Ungewisse hinein in dem Eislabyrinth, in dem wir uns verirrt hatten, demselben Schicksal ausgesetzt werden könnte, welches die TEGETTHOFF betroffen hatte. Erst am Abend kamen wir aus der sackförmigen Öffnung im Eis heraus, in die wir am Mittag des vorhergehenden Tages hineingesegelt waren.
Am 25., 26. und 27. August hatten wir zumeist stilles, schönes Wetter und ein völlig eisfreies Meer. Die Temperatur des Wassers stieg auf + 5,3° Celsius.«

Aber dann schlug die gefürchtete Eisfalle doch noch zu!
Am 6. September, die VEGA befand sich bereits kurz vor der Bering-Straße, also am Ende der Nordost-Passage, notierte Nordenskiöld:
»Um Mitternacht war die Sonne bereits 12–13° unter dem Horizont, und die Nächte waren jetzt so dunkel, daß wir uns dareinfinden mußten, während dieser Zeit täglich mehrere Stunden lang stillzuliegen.
Jetzt traf jedoch eine angenehme Abwechselung ein, indem wir endlich mit Eingeborenen in Berührung kamen. Wir hatten auf der ganzen Strekke von der Jugor-Straße bis hierher keine Menschen oder menschliche Wohnungen gesehen. Am 6. September, als wir in geringer Entfernung von Kap Schelagskoj waren, wurden zwei Boote signalisiert. Alle Mann, mit Ausnahme des Kochs, den keine Katastrophe zum Verlassen seiner Töpfe und Bratpfannen veranlassen konnte und der Asien und Europa umsegelt hat, ohne ein einziges Mal an Land gewesen zu sein, stürzten auf das Deck. Die fremden Boote waren aus Fellen in derselben Weise gebaut wie die Umiaks oder Frauenboote der Eskimos auf Grönland. Sie waren mit lachenden und plappernden Eingeborenen, Männern, Frauen und Kindern, angefüllt, deren Rufe zu erkennen gaben, daß sie an Bord kommen wollten. Die Maschine wurde gestoppt, die Boote legten an, und die Menge pelzbekleideter, barköpfiger Wesen kletterte die Schiffswand in einer Weise herauf, welche offenbar erkennen ließ, daß sie schon früher solche oder ganz ähnliche Fahrzeuge gesehen hatten. Ein lebhaftes Gerede entstand, wir fanden aber bald heraus, daß keiner von der Besatzung der Boote oder unseres Schiffes eine der beiden Parteien gemeinsame Sprache kannte. Das war ein trauriger Umstand, man half sich jedoch so gut es sich tun ließ mit Zeichen. Das Gerede wurde hierdurch nicht gehindert, und bald herrschte große Freude, besonders nachdem einige Geschenke, hauptsächlich aus Tabak und holländischen Tonpfeifen bestehend, ausgeteilt worden waren. Merkwürdig war es, daß keiner von ihnen auch nur ein Wort Russisch sprechen konnte, wogegen ein Knabe notdürftig auf Englisch bis zehn zählte, was doch beweist, daß die Eingeborenen hier mehr mit amerikanischen Walfängern als mit russischen Kaufleuten in Berührung kommen. Sie selbst erkannten den Namen Tschuktsch oder Tschautschu als den ihrigen an.«

Nordenskiöld begann einen lebhaften Tauschhandel mit den Tschuktschen und bemerkt dazu:
»Eine 25-Rubel-Note wurde von den Tschuktschen weniger geschätzt als der bunt verzierte Umschlag eines Stückes Seife und eine Gold- oder Silbermünze weniger als Zinn- und Messingknöpfe ...
Am 12. September trafen wir auf so dichtes Eis, daß keine Möglichkeit vorhanden war, weiter vorzudringen; wir mußten deshalb wieder umkehren, und nur mit knapper Not konnten wir uns einen Weg nach dem Lande zwischen den dicht zusammendrängenden Treibeismassen hindurch bahnen.«

Ende September wurde die VEGA dann endgültig vom Eis gestoppt.
»Der Abend war herrlich, der Himmel klar und die Luft so still, daß die Flammen und der Rauch des Feuers (der Tschuktschen) senkrecht aufstiegen. Die schwarze, mit einer Eishaut bedeckte Wasserfläche spiegelte ihren Schein wie einen schnurgeraden Feuerweg wider, der weithin am Horizont von einem Eisbande begrenzt war, dessen Unebenheiten sich im Dunkeln wie Spitzen einer fernen hohen Bergkette ausnahmen. Die Temperatur erwies sich in der völlig zugfreien Luft als mild, und das Thermometer zeigte nur 2° unter dem Gefrierpunkt. Dieser geringe Kältegrad war jedoch ausreichend, um während der Nacht das Meer mit einer Lage neugefrorenen Eises zu bedecken.«

Nordenskiöld mußte sich hier und jetzt zur Überwinterung entschließen.
»Dr. Almqvist unternahm am 13. Oktober einen Erkundungsmarsch in nordöstlicher Richtung, bei dem er ungefähr zwanzig Kilometer über dichtgepacktes Treibeis ging, ohne das offene Wasser zu erreichen. Danach war klar, daß die VEGA jetzt von einem mindestens dreißig Kilometer breiten Bande von Treibeisfeldern umgeben war.«

Der Winter verlief ohne Zwischenfälle und mit ständigen Kontakten zu den gastfreundlichen Tschuktschen.
»Der Gesundheitszustand an Bord war im Laufe des Winters außerordentlich gut. Dr. Almqvists Rapport zählt nur einige wenige ernstlichere, aber glücklicherweise insgesamt geheilte Krankheitsfälle auf, darunter Magenkatarrhe und gelinde Lungenentzündungen, aber keinen einzigen Fall der hinterlistigen Krankheit Skorbut, die früher auf so gefährliche Weise unter den Besatzungen der Schiffe während weiter Seereisen wütete.
Der gute Gesundheitszustand beruhte offenbar in erster Linie auf dem guten Geist, der die Ge-

lehrten, Offiziere und Mannschaften der Expedition beseelte, muß aber auch zum großen Teil unserer dem Klima angepaßten Speiseordnung zugeschrieben werden.«

Die Befreiung aus der Eisfalle erfolgte erst am 18. Juli 1979: 1879
»Wir setzten uns zu gewöhnliche Zeit an den Mittagstisch, ohne eine Ahnung davon zu haben, daß die Stunde unserer Befreiung gekommen war. Während der Mahlzeit bemerkten wir plötzlich, daß unser Schiff in ein schwaches Schaukeln geriet; Kapitän Palander stürzte hinauf aufs Deck, sah das Eis in Bewegung und ließ sofort die Maschine anheizen. Zwei Stunden später, am 18. Juli um 3 Uhr nachmittags, war die mit Flaggen geschmückte VEGA schon wieder unter Dampf und Segel auf dem Weg zu ihrem Ziel.«

Die VEGA stieß auf ihrer Weiterfahrt zum Stillen Ozean auf keine weiteren Hindernisse.
»Der Nebel hielt sich, bis am Morgen des 20. endlich wieder dunkle Höhen am Horizont auftauchten. Es waren die Gipfel der Berge an der östlichen Spitze von Asien, des Ostkaps. Um 11 Uhr vormittags waren wir mitten in der Meerenge, die das Nördliche Eismeer mit dem Stillen Ozean verbindet.
Endlich also war das Ziel erreicht, nach dem so viele Nationen gestrebt haben, seitdem Sir Hugh Willoughby unter Kanonensalut und den Hurrarufen seiner festlich gekleideten Matrosen und in Gegenwart einer unübersehbaren jubelnden Menschenmenge im Jahre 1553 siegesgewiß die lange Reihe der Nordostfahrten eingeleitet hatte.«

»Bad news are good news« für den Journalisten. Bei Nordenskiölds Umseglung Asiens gab es keine »bad news«, sein Tagebuch liest sich eher wie die Geschichte einer modernen Kreuzfahrt durch die Arktis. Oder ließen sich da doch »bad news« finden, die man in der Presse gewinnbringend vermarkten konnte?
Der New Yorker Zeitungsverleger Gordon Bennett ließ nicht locker. Als es im Frühjahr 1879 immer noch keine Nachrichten von der VEGA gab – was bei einer Überwinterung ja ganz normal war –, witterte Bennett »seine« Geschichte. Vielleicht war der schwedischen Expedition ja doch etwas zugestoßen – solche »bad news« wären doch was für Bennetts New York Herald, sogar etwas für die Titelseite! Der Zeitung und ihrem Verleger ging es damals nicht besonders gut, die Auflage mußte unbedingt steigen.

Genau zehn Jahre vorher hatte Gordon Bennett seinen Reporter Henry Morton Stanley nach Afrika geschickt, um den verschollenen David Livingstone im Urwald zu suchen. Stanley fand Livingstone, und Bennett konnte seine Zeitungsauflage mit dieser Sensationsgeschichte beträchtlich erhöhen. Die Sache hatte sich »gerechnet«!

Am 8. Juli 1879 – die VEGA saß noch fest im Eis – schickte Gordon Bennett das Schiff JEANNETTE ins Eismeer. Kapitän war der sehr erfahrene amerikanische Marineleutnant George Washington De Long. Insgesamt betrug die Besatzung der JEANNETTE 33 Mann, und ihr Auftrag lautete, zunächst nach der verschollenen VEGA und ihrer Mannschaft zu suchen – und wenn diese nicht gefunden würde oder schon im Stillen Ozean sein sollte – unter Benutzung einer Meeresströmung, die von der Bering-Straße vermutlich nach Norden führen sollte, den Pol zu erreichen. Auch das wäre eine gute Story für Bennett, der seine Zeitung mit dieser Sensation gut sanieren könnte.

Schon zwei Monate nach ihrer Abfahrt aus San Francisco – die VEGA war jetzt bereits in den sicheren Gewässern des Stillen Ozeans – geriet die JEANNETTE in die extremen Eiswüsten des Polarmeeres, und im November fror sie völlig ein.
Fast zwei Jahre lang driftete das unglückliche Schiff mit dem Eis nach Nordwesten. Kapitän De Long führte ein sehr detailliertes Tagebuch:

»Am Morgen des 12. Juni 1881, eines Sonntags, sollte sich das Geschick der JEANNETTE vollenden. Am Tag zuvor, um 4 Uhr nachmittags, hatte sich das Eis plötzlich mit solcher Gewalt gegen die Backbordseite vorgeschoben, daß unser Schiff sich in einem Winkel von 16° nach Steuerbord überlegte. In den Spanten des Schiffes krachte und knakkte es unheimlich, das Verdeck auf der Steuerbordseite brach ein, und an anderen Stellen des Decks klafften fingerbreite Fugen – es war zu befürchten, daß unser Schiff schweren Schaden erlitten hatte!
Augenblicklich gab ich Befehl, die Boote an Steuerbord herabzulassen und an einen sicheren Platz auf dem Eisfeld zu bringen. Ruhig und ohne Verwirrung wurde mein Befehl ausgeführt. Das auf der Backbordseite immer mächtiger sich aufstauende Eis wuchtete mit der Gewalt von Riesenfäusten auch gegen das Heck; das Vorschiff wurde an Backbord in die Höhe gehoben, das Achterschiff an Steuerbord tief hinabgesenkt und fest in das Eis eingeklemmt. Die JEANNETTE war nur noch ein Spielzeug in den Pranken des Polareises. So wurde denn Befehl gegeben, die Hälfte der im Deckshaus aufbewahrten Vorräte an Brot und Pemmikan, das aus einer Mischung von Fett und Fleischpulver besteht, auf das Eis zu schaffen und auch die Schlitten und die Hunde in Sicherheit zu bringen. Juni 1881
Um 5 Uhr nachmittags begannen die Pressungen von neuem, jetzt aber mit solcher Gewalt, daß unser Schiff in allen Fugen krachte. Das Oberdeck fing an, sich bedenklich zu wölben, und es schien, als wollte die Steuerbordseite sich gänzlich loslösen. Ich ordnete an, die Proviantvorräte, die Kleider, Betten, Schiffsbücher und Papiere aus dem Schiff zu bringen und vor allem die Kranken auf das Eis zu bergen. Während die Männer noch mit der Ausführung meines Befehls beschäftigt waren, erhielt das Schiff einen neuen furchtbaren Stoß, und um 6 Uhr abends mußten wir sehen, daß sich der gesamte Schiffsrumpf schnell mit Wasser füllte. Von jetzt an richteten wir alle Anstrengungen darauf, sämtliche noch nicht auf das Eis gebrachten Vorräte dem ihnen drohenden Schicksal zu entreißen. Rastlos waren wir tätig, bis das Wasser zum Oberdeck emporstieg und das Schiff sich in einem Winkel von 30° nach Steuerbord legte. Die Steuerbordseite des Oberdecks lag jetzt ganz im

Wasser, das schon die Reling überflutete. Vermutlich hatte das Eis die Steuerbordseite dem Großmast gegenüber eingedrückt.
Langsam, aber unaufhaltsam sank die JEANNETTE. Um 8 Uhr gab ich Befehl, das Schiff zu verlassen. Wir zogen unsere Boote und Vorräte aus dem Bereich der gefährlichen Spalten und Schlünde und schlugen die Zelte für das Nachtlager auf dem Eis auf.
Um 3 Uhr morgens war das Schiff so tief gesunken, daß der Schornstein fast flach auf dem Wasser lag. Das Packeis zermalmte jetzt vollends die Planken. Eine Stunde später sank die JEANNETTE in ihr kaltes Grab.«

Jetzt also hatte Gordon Bennett seine »bad news«, nur – zu diesem Zeitpunkt wußten er und der Rest der Welt noch nichts von dem neuen Drama im Eis. Die VEGA hatte längst wieder Stockholm erreicht, aber von der verschollenen JEANNETTE gab es keine Nachricht. Eine bange Ungewißheit steigerte sich zu schlimmen Befürchtungen.
Amerika schickte deshalb am 16. Juni 1881 eine Hilfsexpedition zur Rettung der JEANNETTE und ihrer Männer in das Polarmeer: die RODGERS, einen Segler mit Dampfkraft. Mit an Bord war auch der Reporter William H. Gilder vom New York Herald.
Am 30. November notierte er:
»Durch die grauen, kalten Schleier der Morgendämmerung schaut müde der junge Tag.
Dort! Dort! Seht ihr nicht? Hilfe!!
Was ist geschehen?
Dichter Rauch dringt aus dem vorderen Schiffsraum der RODGERS, der in der St.-Lawrence-Bucht Winterquartier bezogen hatte.
Feuer an Bord!
Alle Mann an Deck!!
Rauchschwaden legen sich über das Schiff. Verderben kündend quillt es aus dem Rumpf – schwarz, düster, unheimlich.
Aus allen Luken des Schiffsrumpfes brechen mit einem Male die Flammen, aus allen Fugen dringen sie gierig hervor. Grell leuchtende Feuersträhnen hüllen im Nu das ganze Schiff ein – ein schaurig-schönes Bild! Ein brennendes Schiff mitten in der Eiswüste – ein gigantisch-schreckender Anblick, der uns bis an unser Lebensende in schweren Träumen schrecken mag ...
Und was geht dort vor?
Drei Mann ziehen mit Anspannung ihrer letzten Kräfte ein Seil empor. An seinem Ende hält sich unser Feuerwerker festgeklammert, Morgan heißt der tapfere Mann. Er hat unten das Spritzrohr geführt und wollte sich nicht durch Qualm und Feuer von seinem Posten verdrängen lassen.
Kaum hat er ein paar Atemzüge getan, so will er wieder hinab in den unheimlichen Schlund. Wir müssen ihm den Weg vertreten, ihn mit Gewalt von seinem wahnwitzigen Unterfangen abhalten.
Ein klägliches Wimmern und Jaulen will uns jetzt das Herz zerreißen: deutlich hören wir zwei Hunde winseln. Sie sind unten in einer Kajüte eingesperrt und scheinen sich in Todesnot zu krümmen. Matrosen wollen sich durch den giftigen Rauch hindurchschlagen und die beiden so treuen Gefährten dem elenden Feuertod entreißen. Ein paar Schritte nur, und die Männer taumeln zurück.
Der eine Hund schweigt jetzt. Man hört nur noch das Wimmern des einäugigen kleinen Rilen, des Lieblings der Mannschaft und der Offiziere. Schenke der gütige Gott auch ihm ein rasches Ende!
Die Flammen greifen immer neue Vorräte an. Um Mitternacht sind sie immer noch nicht gesättigt. Wir rudern und rudern. Gegen 2 Uhr morgens endlich können wir am Ufer anlegen, aber todmüde bleiben wir im Boot hocken, gebannt, seelisch gelähmt von dem entsetzlichen Schauspiel.
Mitten aus dem Flammenmeer steigt jetzt eine Rakete zum Nachthimmel auf. Zwei Flinten, die man auf dem Heck hatte zurücklassen müssen, geben krachend ihre Schüsse ab, es ist die letzte Ehrensalve über einem sinkenden Schiff. Langsam taucht die RODGERS ins Meer ein. Himmelhohe schwarze Rauchschwaden erzählen der arktischen

Menschen in der Nordost-Passage. Diese beiden russischen Wissenschaftler trafen wir auf der Wiese-Insel, die zwischen Nowaja Semlja und Severnaja Semlja liegt, also weit im Norden der Nordost-Passage.

Welt vom Untergang eines Schiffes, das mit stolzen Plänen ausgezogen war. Es war doch losgefahren, um andere zu retten, und ist nun selbst den wütenden Elementen zum Opfer gefallen.«

Die Männer schlugen sich zum sibirischen Festland durch – und stießen dort auf die Spuren der JEANNETTE. Auch ein Teil ihrer Männer hatte sich nach dem Untergang des Schiffes mühsam an Land retten können, zunächst zu Fuß durch grausame Eiswüsten und dann in kleinen Booten über offenes Wasser. Von den drei Rettungsbooten der JEANNETTE erreichten zwei das Ufer von Sibirien, leider auch getrennt. Nur drei Offiziere und acht Matrosen überlebten die JEANNETTE-Expedition. Unter ihnen war George Wallace Melville, der Schiffsingenieur. Er suchte und fand später die Leiche von Kapitän De Long im unbewohnten Lena-Delta – und wenige Meter daneben sein erschütterndes Tagebuch:

»1. Oktober; 111. Tag seit dem Untergang der JEANNETTE. Nahmen um 6 Uhr unser Frühstück ein, ein halbes Pfund Renntierfleisch und Tee. Sandte dann Nindermann und Alexia aus, um den Hauptarm des Flusses (Lena) zu untersuchen. Der Doktor mußte dem armen Ericksen heute vormittag wieder mehrere Zehen abnehmen. Tritt der Tod nicht vorher ein oder gelangen wir nicht bald an eine bewohnte Niederlassung, dann werden die Amputationen wohl fortgesetzt werden müssen, bis beide Füße abgenommen sind. Wetter klar, leichte Nordwinde.

Lasse hier folgenden Bericht zurück:

Vierzehn Offiziere und Mannschaften des Vereinigten-Staaten-Polardampfers JEANNETTE kamen am Mittwoch, 28. September 1881, bei dieser Hütte an; mußten bis heute vormittag auf das Zufrieren des Flusses warten und werden jetzt auf das westliche Ufer hinübergehen, um den Marsch zu irgendeiner menschlichen Ansiedlung an der Lena fortzusetzen. Haben noch Proviant für zwei Tage …

2. Oktober. Ich glaube, daß wir alle bis Mitternacht gut geschlafen haben; dann wurde es aber so kalt und unbehaglich, daß von Schlaf nicht mehr die Rede sein konnte. Ericksen sprach die ganze Nacht über im Schlaf und weckte dadurch alle diejenigen auf, die nicht schon vor Kälte wach geworden waren. Klarer, wolkenloser Morgen. Unseren Vormittagsmarsch schätze ich auf wenigstens zehn Kilometer. Aber wo sind wir? Ich denke, im Mündungsarm der Lena …

Ich muß den schweren Marsch nach Süden unverdrossen fortsetzen und es Gott überlassen, daß er uns zu irgendeiner Ansiedlung führe. Denn eins ist sicher: wir sind hier völlig in Gottes Hand und ohnmächtig, uns selbst zu helfen.

Ein heller, windstiller, schöner Tag hat uns wohltuenden Sonnenschein gebracht. Der Weg eisig …

3. Oktober. Es war so entsetzlich kalt und schaurig, daß ich allen Leuten Tee gab; dann schleppten wir uns mühsam vorwärts. Aßen unsere letzte Ration Fleisch. Unser Proviant besteht jetzt nur noch aus einer kleinen Menge Pemmikan und einem halb verhungerten Hund. Möge Gott uns beistehen! …

4. Oktober. Beim ersten Dämmern des Tageslichts erhoben wir uns, um uns durch Bewegung zu erwärmen. Der Doktor entdeckte mit Schrecken, daß Ericksen sich während der Nacht die Handschuhe abgestreift und nun auch noch die Hände erfroren hatte! … Eilig stürzte jeder einen Becher Tee hinunter und schnürte dann seine Last. Ericksen war bewußtlos; wir mußten ihn mit Riemen auf dem Schlitten festbinden. Es wehte ein scharfer Südwestwind, und es war bitter kalt …

5. Oktober. Um 7 Uhr beginnt der Koch mit der Bereitung des Tees aus den gestern schon gebrauchten Teeblättern. Damit müssen wir bis heute abend auskommen …

An Ericksens Bein zeigt sich Brand. Es geht mit ihm zu Ende …

Sobald der Sturm nachläßt, werde ich Nindermann und Noros voraussenden, um uns Hilfe zu holen …

6. Oktober. Erhielten einen Becher dritten Teeaufguß, mit 10 Gramm Alkohol vermischt. Um 8 Uhr schied unser Kamerad Ericksen aus dem

Im Jahr 1945 hat Rußland auf der Wiese-Insel eine Station mit 100 Mann Besatzung gegründet. Heute arbeiten dort nur noch sechs Menschen. Diese junge Frau ist Meteorologin und gehört dazu.

Leben … Armer Eriksen, wir haben dir kein Grab schaufeln können, der Boden ist zu hart gefroren, und wir haben nichts, womit wir ihn aufgraben könnten. Wir nähten ihn in Zelttuch ein und bedeckten Ericksen mit einer Flagge.
Um 12 Uhr hielt ich den Begräbnisgottesdienst ab … Als wir ein Loch in das Eis des Flusses gehauen und den Leichnam hineingesenkt hatten, erwiesen wir ihm durch dreimaliges Abfeuern unserer Remingtons die letzte Ehre …
Ich verteilte seine Kleider unter die Kameraden. Wir machten uns um 8 Uhr auf den Weg und marschierten in drei Stunden 5 Kilometer weit. Dann waren wir alle am Ende unserer Kraft und taumelten nur noch dahin …
8. Oktober. Kamen um 11 Uhr an einen großen Fluß. Gingen vorwärts. Große Schneewehen, müssen wieder umkehren. Kälte. Wenig Holz. 10 Gramm Alkohol.
Bemerkung des Doktors: Der Alkohol erweist sich uns als ungemein zweckdienlich. Er läßt weder die Empfindung des Heißhungers noch den nagenden Schmerz im Magen aufkommen und erhält in den Mengen, in denen wir ihn genießen, die Leute verhältnismäßig gut bei Kräften …
9. Oktober. Hielt Gottesdienst. Schicke Nindermann und Noros voraus, um Hilfe zu holen. Alexia schießt drei Schneehühner. Wir kochen Suppe …
10. Oktober. Um 3 Uhr haltgemacht. Gänzlich erschöpft. Kriechen in eine Uferhöhle, sammeln Holz und machen Feuer. Alle Mann schwach und kraftlos. Gott helfe uns!
11. Oktober. Kein Brennholz mehr in unserer Nähe. Wir kochen ein paar Hände voll von Zweigen der Polarweide und trinken den Aufguß. Alle werden schwächer und schwächer. Kaum noch Kraft, Brennholz zu holen. Gingen zu einer Höhle bei der Uferbank und vermißten Lee. Sandte nach Lee zurück. Er hatte sich in den Schnee eingewühlt und erwartete den Tod. Sprachen alle zusammen das Vaterunser und das Glaubensbekenntnis. Entsetzliche Nacht.
14. Oktober. Frühstück: Weidentee. Mittags: Weidentee.
15. Oktober, 125. Tag. Frühstück: Weidentee und zwei alte Stiefel.
17. Oktober, 127. Tag. Alexia im Sterben. Der Doktor taufte ihn. Collins Geburtstag, 40 Jahre alt. Bei Sonnenaufgang starb Alexia. Bedeckten ihn mit der Fahne …
18. Oktober, 128. Tag. Stille, milde Luft. Schneefall. Nachmittags Alexia begraben. Legten ihn auf das Eis des Flusses, bedeckten ihn mit Eisplatten.
19. Oktober, 129. Tag. Zerschnitten das Zelt, machten Fußbekleidung daraus …
20. Oktober, 130. Tag. Klar und sonnig, aber sehr kalt. Kaack völlig erschöpft.
21. Oktober, 131. Tag. Gegen Mitternacht fanden der Doktor und ich den Kameraden Kaack tot zwischen uns liegen.
22. Oktober, 132. Tag. Zu schwach, um Lees und Kaacks Leichen auf das Eis hinabzubringen. Der Doktor, Collins und ich trugen die Leichname nur bis zum Hügelrand. Dann schlossen sich meine Augen.
23. Oktober, 133. Tag. Alle immer schwächer geworden. Ich las ein Stück der Sonntagsandacht vor. Leiden alle entsetzlich an den Füßen.
24. Oktober, 134. Tag. Furchtbare Nacht.
25. Oktober, 135. Tag. Trostlos.
26. Oktober, 136. Tag. Kälte. Hunger. Krank.
27. Oktober, 137. Tag. Iverson ganz kraftlos.
28. Oktober, 138. Tag. Iverson frühmorgens gestorben.
29. Oktober, 139. Tag. Heute nacht starb Dreßler.
30. Oktober, 140. Tag. Boyd und Görtz sind während der Nacht gestorben. Collins liegt im Sterben …«

Damit endet das Tagebuch. Ehe der Kapitän noch einen Punkt hinter den letzten Satz setzen konnte, entfiel der Bleistift seinen vermutlich schon gefühllosen Händen. Mit letzter Kraft muß er dieses Tagebuch weggeschleudert haben, weg vom vernichtenden Feuer.
Über seine eigenen Leiden und den bevorstehenden Tod steht da kein einziges Wort – aber an Collins Geburtstag hat er gedacht, dabei war Collins der immer Unzufriedene auf der JEANNETTE, der seinen Kapitän ständig reizte und sogar bekämpfte oder einfach ignorierte, indem er keinen Befehl ausführte. Und trotzdem – an seinen Geburtstag hat der sterbende Kapitän noch gedacht. De Long schrieb nur über seine Leute, für die er Verantwortung trug – bis zum letzten Atemzug. Was für ein krasser Gegensatz zu einem Sir John Franklin!

»Als ich dieses Tagebuch gelesen hatte«, notierte William H. Gilder von der verbrannten RODGERS später, »konnte ich nicht sprechen. Ich bedeckte mein Gesicht mit den Händen und weinte.

Und der Schiffsingenieur George Wallace Melville notierte: »Es wird mir immer klarer, daß die Nachwelt uns nicht nach unseren geringen Werken, sondern nach unserem Charakter, unserem Leben und Sterben beurteilen und als echte Männer werten wird. Auf der im Eise festliegenden JEANNETTE konnte ich mit meiner ganzen Wissenschaft und Maschinerie nichts ausrichten, und alle Ingenieurskünste halfen nichts mehr. Zuerst schützte uns noch unser tapferes Schiff; dann aber standen wir allein der Natur in ihrer ganzen wilden Strenge gegenüber. Endlose Monate lang kämpften wir mit dem Polarwinter unter dem Banner George Washington De Longs, der mir durch sein Leben und Sterben gezeigt hat, worin die Größe eines Menschen besteht.«

PS. 1913 befuhr der Russe Wilkitski als erster die Nordost-Passage von Osten nach Westen, und im Jahr 1932 wurde die Passage erstmals von dem russischen Eisbrecher SIBIRIJAKOW in nur einer Navigationsperiode bewältigt.

Der Rubini-Rock im Franz-Joseph-Land gehört zu den größten Vogelkolonien in der russischen Arktis und beherbergt Millionen von Dickschnabellummen, Dreizehenmöwen, Eismöwen und Krabbentauchern.

COWANS BOYD

Murmansk, die nördlichste Großstadt der Erde mit fast einer halben Million Einwohner, am Kola-Fjord ist Rußlands einziger Warmwasser-Meerhafen und Zugang zum Ozean. In Murmansk ist auch die Flotte aller russischen Eisbrecher beheimatet, die von hier aus in die Nordost-Passage und zum Franz-Joseph-Land starten.

Mitternacht in der Jugor-Straße. Diese angebliche Schlüsselstelle in der Nordost-Passage war Anfang August 2005 völlig eisfrei, warm und idyllisch ruhig. Fünf Stunden nach dieser Aufnahme tobte hier allerdings ein Orkan mit Windstärke zwölf.

Die Helikopter auf den russischen Eisbrechern sind von einem Forschungsinstitut in Moskau auf ihre Arktistauglichkeit überprüft und können bei Temperaturen zwischen minus 40 und plus 40 Grad Celsius problemlos eingesetzt werden. Ihre Piloten sind wahre Flugartisten und bringen Wissenschaftler oder Touristen sicher von und an Bord. Im Hintergrund, an Steuerbord, liegt Nowaja Semlja.

Helikopteranlandung auf Nowaja Semlja. Diese Insel zwischen dem 70. und 77. Breitengrad trennt die Barents- von der Kara-See und galt lange Zeit als Schlüssel zur Nordost-Passage. Barents glaubte fest an einen möglichen Seeweg im Norden, andere Seefahrer schworen dagegen auf das südliche Nadelöhr Jugor-Straße.

Erkundungsflug vom Deck des Eisbrechers Kapitan Dranitsyn *aus über die vereiste Kara-See.*

Typische Landschaft an der Westküste Nowaja Semljas, die noch vom warmen Wasser des Goldstroms beeinflußt wird. Im Juli können hier durchaus Temperaturen bis plus 5° Celsius gemessen werden.

Zwischen Barents- und Kara-See liegt die Wiese-Insel, auf der heute sechs russische Wissenschaftler arbeiten. Die Jahresdurchschnittstemperatur liegt hier bei minus 13,6° Celsius. Ich besuchte die Insel Ende Juli 2005 und erlebte bei strahlendem Wetter plus 7° Celsius. Auf meine Frage, ob hier immer so schönes Wetter sei, antworteten die Russen lachend: »Nein, du bist am wärmsten Tag der letzten zehn Jahre gekommen, so schön war es hier noch nie!« Die Wiese-Insel ist nach Prof. Wladimir Wiese (1886–1954) benannt, der in Deutschland studiert hat und anschließend russischer Polarforscher wurde. Wiese hat auf verschiedenen Stationen und Eisbrechern als Wissenschaftler gearbeitet.

Der 30. Mai 1889 wurde wahrlich ein Merktag in der Phantasie von vielen norwegischen Jungen! Es war der Tag, an dem Fridtjof Nansen von seiner Grönlandreise zurückkehrte. An jenem sonnenhellen Tag kam der junge norwegische Skiläufer den Fjord von Christiania heraufgezogen, die hohe, schlanke Gestalt umflossen von dem Glanze der Bewunderung aller Welt über die Tat, die er ausgeführt hatte – die tollkühne, die unmögliche Tat! Der Mai feierte sein schönstes Lenzfest im Fjord, die Stadt feierte mit, das Volk feierte mit… Ich selbst ging an jenem Tag mit klopfendem Herzen zwischen Flaggen und Hurrarufen dahin. Alle meine jahrelangen Knabenträume waren zu stürmischem Leben erwacht. Und zum erstenmal ging es wie ein klares bebendes Flüstern durch meine tiefsten Gedanken: ›Wenn du die Nordwest-Passage zustande bringen würdest!‹ Roald Amundsen

Was immer ich als Entdecker geleistet habe, war nur das Ergebnis lebenslanger, zielbewußter mühevoller Vorbereitung und härtester, gewissenhafter Arbeit. Roald Amundsen

Mit der GJØA zum Erfolg

Roald Amundsen hat nicht nur die beiden nördlichen Seewege erfolgreich durchfahren, der Norweger wurde auch zu einem der größten und erfolgreichsten Polarforscher.
In seiner Zeit, zu Beginn des 20. Jahrhunderts, hatte die Suche nach den nördlichen Passagen längst ihre ursprüngliche wirtschaftliche Bedeutung verloren, aber die Nordwest-Passage war zum Mythos geworden. Sie in ihrer gesamten Länge zu durchsegeln, war inzwischen reiner Selbstzweck.

»Als ich 15 Jahre alt war«, schreibt Roald Amundsen, »fielen mir die Werke Sir John Franklins in die Hände. Von all den tapferen Briten, die 400 Jahre lang bedenkenlos Vermögen, Mut und Unternehmungsgeist an zahllose kühne, aber erfolglose Versuche verschwendet hatten, die Nordwest-Passage zu erzwingen, war keiner tapferer gewesen als Sir John Franklin. Er und seine wenigen Gefährten hatten drei bange Wochen mit Eis und Stürmen um ihre Leben kämpfen müssen, ihre einzige Nahrung bestand aus einigen Knochen, die sie in einem verlassenen Indianerlager fanden, und schließlich waren sie sogar genötigt, ihre eigenen Lederschuhe zu verzehren, ehe sie endlich wieder die ersten Vorposten der Zivilisation erreichten. Seltsam, daß gerade die Beschreibung solcher Entbehrungen, die er und seine Leute zu erdulden hatten, mich an der Erzählung Sir Johns am meisten fesselte. Ein merkwürdiger Ehrgeiz brannte in mir, gleiche Leiden zu überwinden.«

Im Jahr 1900 kaufte Roald Amundsen ein Schiff für seine erste Expedition, den winzigen Fischkutter GJØA. Der war 25 Meter lang und bekam von Amundsen einen Motor mit einer Stärke von 13 PS. Das Schiffe hatte nur 47 Tonnen. Die nächsten beiden Jahre vergingen mit fieberhaften Vorbereitungen für das große Unternehmen Nordwest-Passage, und am 16. Juni 1903 stand der so optimistische Abenteurer doch vor einer Katastrophe:

»Der bedeutendste meiner Gläubiger verlangte wütend Zahlung binnen vierundzwanzig Stunden und drohte, mein Schiff zu beschlagnahmen und mich wegen Betruges einsperren zu lassen. Der Zusammenbruch jahrelanger Arbeit schien unabwendbar.«
Amundsen wählte einen verzweifelten Ausweg, er berief seine sechs ausgewählten Gefährten, setzte ihnen die schwierige Lage auseinander und fragte sie, ob sie für einen kühnen Handstreich zu haben wären. Sie waren!
Nach glaubhaften Berichten kam sogar der berühmte Fridtjof Nansen – er hatte schon vorher besonders dringende Rechnungen für Amundsen großzügig aus seiner eigenen Tasche beglichen – am späten Abend des 16. Juni »in großer Eile mit der Kutsche zum Anlegeplatz der GJØA« und empfahl seinem jungen Freund, sofort die Leinen loszumachen und zu starten. »Dann fuhr Nansen im Galopp wieder heim.«

Endlich auf See, erschien Amundsen mit einer Flasche Rum und goß seinen Leuten die Gläser voll: »So, Jungs, jetzt sind wir endlich die lästigen Gläubiger los. Skål – und gute Fahrt!«

»So zogen wir sieben Verschwörer um Mitternacht des 17. Juni 1903 während einer wahren Sintflut an den Kai hinaus, an dem die GJØA vor Anker lag, gingen an Bord und steuerten südwärts dem Skagerrak und der Nordsee zu. Als der Tag über unserem grausamen Gläubiger anbrach, waren wir schon in sicherer Entfernung auf offener See, sieben Seeräuber, wie sie nicht leichtherziger unter der schwarzen Flagge gesegelt waren, und verschwanden auf eine Forschungsreise, die drei Jahre dauern sollte, und auf der uns das Schicksal einen Erfolg bescherte, um den unsere Vorgänger vier Jahrhunderte lang vergebens gerungen hatten.«

Die erste Station der Expedition war Godhavn an der grönländischen Westküste. Hier kaufte Amundsen 20 Schlittenhunde.
»Selten mögen die Polarmeere wohl so ein Schauspiel gesehen haben, wie wir es boten. Die GJØA war zweiundsiebzig Fuß lang, elf Fuß breit und hatte geringen Tiefgang. Natürlich besaß sie nur einen Mast mit nur einem Großsegel und ein paar Klüver. Wir hatten einen guten Hilfsmotor, obwohl in jenen Tagen Benzinmotoren noch so unzuverlässig waren, daß man mir ernste Vorhaltungen wegen der Explosions- und Feuergefahr gemacht hatte, als ich den Motor einbauen ließ. Soweit gab es also nichts Besonderes an uns zu sehen. Aber die Schiffsladung! Vor allem war jeder Quadratfuß des Frachtraumes so sorgfältig berechnet und unsere Packkisten waren so genau dafür angepaßt worden, daß auch nicht ein Quadratzoll unausgenützt blieb, als alles verstaut war. Diese Ladung drückte die GJØA fast auf die Wasserfläche hinab. Aber der Frachtraum konnte nicht alle Vorräte fassen. Auch auf dem Verdeck lagen hochaufgetürmt die Kisten, so daß wir bei unserer Fahrt im Polarmeer wie ein schwimmender Möbelwagen aussahen.«

Was Franklin mit achtmal so großen Schiffen und 128 Männern nicht geschafft hatte, wollte Amundsen jetzt mit einer winzigen Nußschale und nur 6 Mann Besatzung vollenden. Aber Amundsen war eben nicht Franklin, und vor der Beechey-Insel notierte er: »Bisher ähnelte meine Reise einem Ferienausflug.«

Die günstigen Umstände hielten an, während die GJØA den Peel-Sund hinunterfuhr und nach der Franklin-Straße in Gewässer vorstieß, die vor ihm noch kein Schiff erreicht hatte.
»Hier erlebten wir drei bedrohliche Abenteuer. Das erste wurde durch die außergewöhnliche Beschaffenheit des Meeresgrundes verursacht. Wir hatten ja keine Karten, nach denen wir uns hätten richten können, und mußten daher ununterbrochen loten. An einer Seite unseres schmalen Schiffchens zeigte nun das Lot eine erstaunliche Tiefe, während auf der anderen Seite zackige Felsen bis an die Oberfläche traten. Während wir uns durch den verräterischen Kanal tasteten, hatten wir das Pech, plötzlich auf einen verborgenen Felsen aufzufahren. Es schien, als wäre dies unser Ende, aber nach einer Weile schwemmte uns eine schwere Dünung herunter. Unsere Freude darüber, daß wir kein Leck davongetragen hatten, war nur von kurzer Dauer, denn der Steuermann rief mir plötzlich in den Mastkorb hinauf, daß das Steuer der Drehung des Rades nicht mehr gehorche. Eine eilige Untersuchung zeigte, daß unser Steuer, als wir von dem Felsen geschwemmt wurden, offenbar mit solcher Gewalt gegen den Grund geschlagen war, daß es sich gehoben hatte und die Metallbolzen oben und unten aus den waagerechten Ringen geglitten waren. Bei der kleinsten Bewegung des Steuerruders nach hinten oder zur Seite mußten sie abrutschen, und dann trieben wir steuerlos im Polarmeere! Aber zu unserer ungeheuren Erleichterung glitten die Stifte nach einigen Minuten in ihre Führungsringe zurück, das Steuer gehorchte wieder dem Rad, und wir waren zunächst gerettet.
Daß wir dem zweiten Abenteuer entkamen, war gleichfalls ein besonderer Glücksfall. Der kleine Maschinenraum, in dem unser Benzinmotor stand, war mit Benzintanks vollgestopft und bot nur knappe Bewegungsfreiheit für den Maschinisten. Eines Morgens erschien dieser und sagte mir, daß einer der Tanks ein kleines Leck habe, nichts Ernstes, aber wenn man es nicht beachte, würde der Maschinenraum schließlich mit Benzin getränkt sein, und die Dämpfe könnten gefährlich werden. Ich untersuchte die Sache und befahl ihm, den Inhalt des rinnenden Tanks in einen anderen zu pumpen. Glücklicherweise befolgte er diese Anordnung sofort. Abends warfen wir vor einer kleinen Insel Anker. Als ich eben in meine Kabine gehen wollte, hörte ich den Schreckensruf: ›Feuer!‹ Alles stürzte auf Deck. Große Flammen schlugen aus dem Maschinenraum, und als wir hinabblickten, sahen wir, daß er eine einzige flammende Lohe war. Wir konnten nichts anderes tun, als den ganzen Raum unter Wasser zu setzen, nur so bezwangen wir den Brand. Bei näherer Untersuchung entdeckten wir, daß während unseres Kampfes mit dem Feuer der metallene Hahn des entleerten Tanks abgebrochen war. Wenn der Maschinist meinem Befehl nicht so schnell gehorcht hätte, wäre der Inhalt des rinnenden Tanks ins Feuer gesprudelt. Das Resultat wäre eine Explosion und das Ende von Schiff und Besatzung gewesen.
Unser drittes Abenteuer war ein entsetzlicher Orkan, der vier Tage lang mit unverminderter Heftigkeit aus Westen gegen uns losstürmte. Trotz Anker und Motor schienen wir unvermeidlich an die Boothia-Insel getrieben zu werden. So sehr glaubte ich daran und so unabwendbar schien es mir, daß ich mich bemühte, mit der GJØA vor dem flachsten Teil der Küste zu manövrieren, um im äußersten Notfall dort aufzulaufen. Dadurch wollte ich das Schiff vor dem Zerschellen bewahren und es gleichzeitig in die günstigste Lage bringen, wenn wir es später wieder ins Wasser schleppen wollten. Glücklicherweise hielten wir uns noch immer, als der Orkan sich am vierten Tage endlich legte, und erlitten keinerlei Havarie.«

Die Situationen waren viel dramatischer, als sie aus dem Tagebuch ersichtlich sind. Nach zwei Tagen auf dem Riff bereitete sich Amundsen ernsthaft darauf vor, sein Schiff aufzugeben. Gerettet wurde die GJØA und mit ihr die gesamte Expedition alleine durch den Ersten Steuermann Anton Lund, der zum allerletzten Mittel griff und die Decksladung einfach über Bord warf. Lund war nicht nur der Älteste an Bord, sondern auch der Seemann mit der größten Erfahrung. Schließlich war Lund bereits 25 Jahre lang als Kapitän eines Seehundfängers in arktischen Gewässern unterwegs gewesen.

Inzwischen war es September geworden und Amundsen mußte nach einem sicheren Winterquartier Ausschau halten, die Polarnacht war nicht mehr weit.

»Wir entdeckten die schönste, kleine landumschlossene Bucht, die ein Seemannsherz sich wünschen konnte. Berge umgaben sie von allen Seiten und schützten sie vor den Stürmen; nichts hätte für unsere Zwecke idealer sein können. Wir legten hier die GJØA schleunigst vor Anker und begannen mit unseren Vorbereitungen für ein Dauerlager.«

Dieser Ort im Südosten der King-William-Insel heißt heute GJØA Haven, und Amundsen verbrachte dort gleich zwei Winter. In dieser Zeit unternahm die Expedition vor allem wichtige magnetische Messungen und andere Beobachtungen.

»Die wissenschaftlichen Aufzeichnungen, die wir heimbrachten, waren ungeheuer reichhaltig. Unsere magnetischen Beobachtungen waren so ausgedehnt und vollständig, daß die Gelehrten fast zwanzig Jahre brauchten, um sie zu verarbeiten. Nichts auch nur annähernd so Vollkommenes war bis dahin der Wissenschaft über die Erscheinungen des magnetischen Nordpols übergeben worden.«

Mit den Eskimos dieser entlegenen Gegend schloß Amundsen auch sehr schnell Freundschaft.

»Eines Tages stand ich mit zwei meiner Leute auf dem Verdeck, als plötzlich ein Gefährte ausrief: ›Dort ist ein Rentier!‹ und auf einen kleinen schwarzen Gegenstand wies, der sich auf einem Hügel gegen den Himmel abhob. Der dritte von uns, der die besten Augen besaß, schaute angestrengt in die angegebene Richtung und meinte dann: ›Das Rentier geht aber auf zwei Beinen.‹ Eine genauere Prüfung ergab tatsächlich, daß es kein Rentier, sondern ein Eskimo war. Einige andere ›zweibeinige Rentiere‹ gesellten sich zu dem ersten, bis sich fünf Gestalten vom Horizont abhoben. Sie rückten geschlossen gegen uns vor. Ich schickte die beiden Matrosen nach ihren Gewehren, und dann gingen wir alle drei ihnen entgegen. Ich an der Spitze, hinter mir meine kleine Armee von zwei Mann. Als die Eskimos näher kamen, sahen wir, daß sie alle mit Pfeil und Bogen bewaffnet waren. Die Sache begann ungemütlich auszusehen. Wir konnten unmöglich wissen, ob sie freundliche oder feindliche Absichten hegten. Wir konnten jedoch nichts anderes tun, als ihnen Auge in Auge entgegenzutreten. Unsere beiden Parteien kamen bis auf eine Entfernung von 15 Schritten aneinander heran und blieben dann stehen. Ich kehrte mich zu meiner ›Armee‹ um und befahl ihr, die Gewehre demonstrativ zu Boden zu werfen. Dann wandte ich mich wieder den Eskimos zu. Als ihr Anführer unsere friedliche Handlung sah, ahmte er sie nach, indem auch er sich zu seinen Begleitern wandte und einen Befehl gab. Sie gehorchten ihm und warfen Bogen und Pfeile zu Boden. Unbewaffnet ging ich jetzt auf die Fremden zu; auch der Eskimoführer trat alleine vor. Es ist bemerkenswert, wie gut Menschen sich doch verständigen können, die nicht ein Wort einer gemeinsamen Sprache sprechen und deren Lebenserfahrung durchaus unterschiedlich ist. Minenspiel, Kopfnicken und Kopfschütteln, Handbewegungen und Laute können die Verständigung mit erstaunlicher Genauigkeit vermitteln. Auf diese Weise gelang es mir bald, den Eskimoführer davon zu überzeugen, daß ich sein Freund sein wollte, und er teilte meinen Wunsch. Rasch waren wir im besten Einvernehmen, und ich lud sie alle ein, mit auf unser Schiff zu kommen.«

Nach zwei Wintern in GJØA Haven fiel Amundsen der Abschied richtig schwer:

»Ich bin nicht sicher, daß die kleinen braunäugigen Leute am Strand an diesem Morgen frohgemut waren. Sie winkten uns lange nach – wahrscheinlich war es auch für sie ein Abschied für immer; und wenn ein Reisender diesen Platz irgendwann in vielen Jahren aufsuchen sollte, werden ihn die zahlreichen Zeltringe an die vielen glücklichen Tage erinnern, die meine GJØA-Expedition hier mit ihren Freunden, den Netsilik-Eskimos, verbrachte.«

Erst Mitte August 1905 segelte Amundsen weiter nach Westen durch die Simpson-Straße. Die Küsten waren ja bereits durch vorhergehende Überlandexpeditionen vermessen und bekannt, nicht aber die Gewässer und ihre Untiefen.

»Tag für Tag, drei Wochen hindurch – die längsten drei Wochen meines Lebens – krochen wir vorwärts, loteten die Tiefen mit dem Senkblei ab und versuchten bald hier, bald dort in einen Kanal zu gelangen, der uns zu den bekannten Gewässern des Westens geleitet hätte. Einmal trennte in der Simpson-Straße gerade noch ein Zoll Wasser unseren Kiel vom Meeresgrund. Während dieser Anstrengungen konnte ich weder essen noch schlafen. Jeder Brocken blieb mir im Halse stecken, wenn ich schlucken wollte. In dem verbissenen Entschluß, jede Gefahr vorauszusehen, jeden unglücklichen Zufall zu vermeiden, waren alle Nerven zum Zerreißen gespannt. Es mußte gelingen!«

(Im Jahr 1996 lief die MS HANSEATIC in der Simpson-Straße auf Grund, alle Passagiere mußten durch den Eisbrecher KAPITAN DRANITSYN, der zufällig in der Nähe war, evakuiert werden.)

Am 26. August 1905 tauchte plötzlich ein Segel am westlichen Horizont auf, es war der Walfischfänger CHARLES HANSSON aus San Francisco.

»Nach einem Besuch bei dem Kapitän des Walfischfängers fuhren wir weiter in Richtung Bering-Straße, um die Durchfahrt zu vollenden. Wir ahnten nicht, daß wir noch ein weiteres Jahr dazu brauchen würden, diesen einfachen Abschluß der Reise zu bewerkstelligen. Das Eis wurde dicker und dicker, während wir uns langsam vorwärts

Roald Amundsen gehört zusammen mit seinem großen Vorbild Fridtjof Nansen zu den erfolgreichsten Polarforschern. Unzählige Büsten erinnern an diesen Helden des Südpols und der Nordwest-Passage. Hier ist die nördlichste, sie steht in Ny Ålesund in Spitzbergen auf 79°.

bewegten, so daß wir nach einer Woche auf der Höhe von King Point unbeweglich still lagen.«
Hier mußte Amundsen noch einmal überwintern. Die Polarnacht kam sehr schnell, und das Eis blokkierte jede Bewegungsmöglichkeit der GJØA. Der neue Überwinterungsplatz lag nur wenige Meilen von der Herschel-Insel entfernt, und dort gab es Gesellschaft; Walfänger.
Auf Herschel traf Roald Amundsen auch Kapitän Mogg von der BONANZA. Moggs Schiff war vom Eis an den Strand gedrückt, und deshalb wollte der Kapitän nun über Land nach San Francisco zurückkehren, um dort ein zweites Schiff auszurüsten. Amundsen brannte darauf, die nächste Telegrafenstation zu erreichen, um die Nachricht von seiner erfolgreichen Bezwingung der Nordwest-Passage in die bewohnte Welt hinauszusenden.

»Die nächste Telegraphenstation war fünfhundert Meilen weit entfernt und lag hinter einer 9.000 Fuß hohen Bergkette. Aber wir waren beide von unserem Vorhaben so besessen, daß wir uns trotz dieser Hindernisse zum Aufbruch entschlossen. Vor der Reise selbst hatte ich keine Angst, wohl aber hegte ich Befürchtungen, sie mit Kapitän Mogg zu unternehmen. Vor allem hatte er Geld und ich nicht, deshalb würde er unsere kleine Unternehmung anführen. Außerdem war Kapitän Mogg klein und dick, so daß er unmöglich selbst einen Schlitten ziehen konnte, sondern auf einem Hundegespann gezogen werden mußte. Am 24. Oktober zogen wir von der Herschel-Insel los. Wir hatten zwei Schlitten und zwölf Hunde; Eigentum unseres Eskimoführers Jim. Seine Frau Kappa war die vierte in unserer kleinen Expedition. Unser Weg führte den Herschelinselfluß aufwärts über den 9.000 Fuß hohen Gipfel und dann den Südabhang hinunter zum Yukon-River, wo wir im Fort Yukon auf den ersten Handelsplatz trafen. Wir ließen Jim und Kappa im Fort Yukon zurück, und Mogg und ich zogen den Yukon mit einem Hundegespann abwärts. Wir erreichten Fort Egbert am 5. Dezember 1905. Ich erinnere mich, daß unser Thermometer 60° Fahrenheit unter Null zeigte (minus 51° Celsius). Fort Egbert war der nördlichste Posten der Armee der Vereinigten Staaten und der Endpunkt der militärischen Telegraphenlinie. Ich wurde von dem Festungskommandanten mit großer Begeisterung begrüßt, mit Glückwünschen zu meinem Erfolg überschüttet und aufgefordert, längere Zeit als Gast bei ihm zu bleiben. Ich nahm dankbar sein Anerbieten an, meine Telegramme zu befördern. Ich setzte etwa tausend Worte auf, die sofort dem Draht übergeben wurden. Eine unglückselige Laune des Zufalls wollte es, daß die Kälte gerade zu jener Zeit die Drähte irgendwo auf der Strecke zerriß; es dauerte eine Woche, bis sie ausgebessert waren und ich die Bestätigung erhielt, daß meine Botschaft die Welt draußen erreicht hatte.«

Leider kamen die Telegramme bei der Londoner Times, mit der Amundsen einen Exklusivvertrag geschlossen hatte, erst an, nachdem ihr Inhalt in Amerika längst durchgesickert war. Daraufhin weigerte sich die englische Zeitung, die vereinbarten Geldbeträge zu zahlen. Das war ein weiterer Meilenstein im finanziellen Desaster des norwegischen Polarhelden.

Im Februar verließ Amundsen Fort Egbert und machte sich auf den Heimweg zurück zur GJØA. Er erreichte die Herschel-Insel ohne Zwischenfall. Im Juli brach das Eis auf, und Amundsen konnte nach Point Barrow weiterfahren.

»Ich hatte daran gedacht, unsere Fahrt durch die Bering-Straße ausgiebig zu feiern, aber wir brachten nur hastig ein kleines Glas Whisky an Deck hinunter – eine Flagge aufzuziehen, kam nicht in Frage. Wir waren glücklich, als wir unsere Gläser leerten, denn was nun auch geschehen mag, wir haben die norwegische Fahne auf *einem* Schiff durch die Nordwest-Passage gebracht.«

Die folgenden Jahre verbrachte Roald Amundsen mit Vorträgen in Europa und in den USA. 1907 kehrte der nun berühmte Entdecker mit so viel Geld nach Norwegen zurück, daß er endlich seine Gläubiger bezahlen konnte, auch jene, die diese erste erfolgreiche Nordwest-Passage fast verhindert hätten.

Über diese Fahrt urteilte später der amerikanische Arktisforscher Adolphus Greely:
»Amundsens Reise überragt die anderen wegen ihrer sparsamen Mittel und der meisterhaften Navigation. Diese großartigen Ergebnisse wurden von nur sieben Männern erzielt, und sie hatten nicht einmal groß zu leiden. Das weist Roald Amundsen als Mann mit großen organisatorischen Fähigkeiten, enormer Urteilskraft und viel Erfindungsreichtum aus.«

In den Jahren 1918 bis 1920 durchfuhr Roald Amundsen mit der MAUD auch die Nordost-Passage von Norwegen bis zur Bering-Straße und wurde so zum ersten Polarforscher, der beide Seewege im Norden durchsegelt hat.

Folgende drei Doppelseiten:

Spaziergang im »Eiskeller Kara-See«. Die Kara-See galt viele Jahre als unbezwingbar. Alle Segelschiffkapitäne fürchteten das viele Eis, das aus dem Norden hier heruntergedrückt wird. Unser Eisbrecher KAPITAN DRANITSYN hat uns mitten in die Packeisfelder der Kara-See gebracht, und dort unternehmen wir unvergeßliche Spaziergänge in einer grandiosen Wüste, die an verzauberte, filigrane Kristallwelten erinnern. Schöner kann sich die Arktis in der Nordost-Passage nicht mehr präsentieren.

Roald Amundsen hat während seiner Nordost-Passage mit der MAUD zweimal überwintert. Das Bild zeigt Maudhavn, den ersten Überwinterungsplatz auf der Taimyr-Halbinsel. Dort sind auch noch Reste von Amundsens Hütte zu sehen. An diesem Platz wurde Amundsen mehrfach vom Pech verfolgt: Zuerst brach er sich einen Arm, dann wurde er von einem Eisbären angefallen und dabei leicht verletzt. Schließlich erlitt er bei der Arbeit in einem unbelüfteten, von einer defekten Paraffinlampe beleuchteten erdmagnetischen Labor eine Kohlenmonoxydvergiftung, von der er sich nie mehr richtig erholte. Die eigentlich unspektakuläre Landschaft – siehe auch Nordenskiölds Bericht – ist typisch für die gesamte Nordost-Passage. Der große Reiz beider Passagen liegt heute eher in den endlosen Eiswüsten auf den Meeren mit ihren unerwarteten Lichteffekten.

Es ist, als ob man in einen stillen heiligen Tempel träte, wo der Geist der Natur auf glitzernden Silberstrahlen durch den Raum schwebt und die Seele niederfallen und anbeten – die Unendlichkeit des Weltalls anbeten muß.

Fridtjof Nansen

Die Natur, stark und wild, ist wie eine alte, in Schnee und Eis gemeißelte Sage, die manchmal in so feiner und zarter Stimmung ist wie ein Gedicht.

Fridtjof Nansen

Aber die Natur ist auch wie kalter Stahl, in dem sich das Spiel der Farben im Licht der Sonne spiegelt.
Fridtjof Nansen

Während ich das Eis der Kara-See als arktischen Traum empfunden habe, werden wir auf dem sibirischen Festland – direkt an der Küste – immer wieder an die stalinistische Gulagzeit erinnert. Dieses Foto entstand unweit von Workuta.

Aber nicht die Uferfelsen sind es, die den Blick anziehen, nicht der leidenschaftliche Kampf der Wogen mit dem Stein, sondern die Ruhe, die ganz eigenartige Ruhe dort jenseits der Felsen, wo die strenge Linie des Gebirges Wellenlinien auf den Himmel zeichnet, wo nur die violetten Hänge und die erstarrten Ströme der hellblauen Gletscher die mattweiße jungfräuliche Reinheit der Bergketten durchschneidet. Dorthin wird das Auge gelenkt, dort beobachtet es, wie sich das Panorama ändert, wie im zarten Dämmerlicht des sinkendens Tages das ganze aus dem Meer gestiegene Land in einem Weiß erstrahlt, das vom Meer noch unterstrichen wird, wie nach jeder neuen Wendung ein neues Land hinter dem Kap auftaucht, so daß es scheint, als befinde man sich am Eingang in ein neues unbekanntes Reich und als werde sich gleich ein wunderbares Märchenland auftun.
Dieses Gefühl des Märchenhaften, des Unausgesprochenen verläßt uns nicht einmal dann, wenn wir gar nicht an die Schönheit denken, sondern die nach Norden zunehmende Vereisung dieses Landes betrachten.

Nikolai W. Pinegin über Nowaja Semlja

So wird uns Rußlands Fahne führen,
den Weg weist uns der Kapitän
entlang der Küste von Sibirien
auf unserem Schiffe schlank und schön …
Lied des Kochs auf der SANKT ANNA

Aus V. I. Albanow, Im Reich des weißen Todes

Tagebuch des Todes – oder Mord am Pol? – Die Reisen der SANKT ANNA und der SANKT FOKA

Wir schreiben das Jahr 1912. Die Nordost-Passage war nach großen Opfern gefunden und so auch die Nordwest-Passage. Fridtjof Nansen war von seiner sensationellen Driftexpedition lebend zurückgekehrt, das Franz-Joseph-Land war entdeckt, aber noch nicht erforscht. Und genauso stand es auch mit der russischen Doppelinsel Nowaja Semlja.

Valerian Iwanowitsch Albanow, ein russischer Seefahrer, heuerte in Alexandrowsk, dem heutigen Murmansk, als Steuermann auf der SANKT ANNA an. Damit war Albanow Teilnehmer der russischen Brussilow-Expedition. Der Leutnant zur See Georgi Lowitsch Brussilow wollte durch die Nordost-Passage bis Wladiwostok fahren, um im fernen Kamtschatka Wale, Walrosse, Seehunde und Eisbären zu jagen. Er glaubte, mit der Beute ein Vermögen machen zu können. Die Mannschaft der SANKT ANNA bestand aus 24 Personen, Brussilow eingeschlossen. Erster Offizier und Steuermann war V. I. Albanow. Das Schiff verließ Alexandrowsk am 10. September 1912 mit Kurs auf die Kara-See.

Zwei Wochen vorher, am 27. August, war die erste russische Nordpolexpedition unter Oberleutnant Georgi Jakowlewitsch Sedow in Archangelsk aufgebrochen. Ihr Ziel war zunächst das Kaiser-Franz-Joseph-Land. Von dort wollte Sedow mit Hundeschlitten den Nordpol erreichen. Die anderen Expeditionsteilnehmer sollten in dieser Zeit auf Franz-Joseph-Land wissenschaftlich arbeiten. Zu den Offizieren dieser Expedition gehörte auch der Maler und Polarforscher Nikolai W. Pinegin (der, im Westen kaum bekannt, durch seine großartigen und einfühlsamen Beschreibungen arktischer Landschaften und Stimmungen zu meinen Lieblingsautoren polarer Literatur gehört. Niemand hat die Eiswüsten im Norden schöner beschrieben als der Russe Pinegin).

Die Eisverhältnisse waren im Herbst 1912 nicht nur in der Barents-See, sondern auch in der Kara-See für die Schiffahrt extrem ungünstig. Die Nordost-Passage erlebte einen ganz besonders schweren Eisgang.

Zwei Jahre später, am 25. Juli 1914, hatte Pinegin auf der Brücke der SANKT FOKA Wache und beobachtete die Eisschollen am Ufer vor Kap Flora. Leichter Nebel ließ Details nur schemenhaft erkennen. Plötzlich schrie jemand an Bord:
»Ein Mensch am Ufer!« Die ganze Mannschaft brüllte: »Hurra!« Der Steuermann bemerkte nur: »Hoffentlich hat der Tabak für uns!«
Wenige Minuten später kam der Fremde an Bord. Ein stämmiger Mann mit einem dichten blonden Bart in einem reichlich strapazierten, ausgeblichenen Seemannsrock.
»Albanow, Steuermann auf der SANKT ANNA, Brussilow-Expedition. Ich bitte um Ihre Hilfe; vier Mann von mir sind auf Kap Grant zurückgeblieben ...«
Mein Gott, was suchte der Steuermann der SANKT ANNA hier im Franz-Joseph-Land? Brussilow wollte doch schon vor einem Jahr Wladiwostok erreichen – und wo war das Schiff dieses Steuermanns geblieben?

Die SANKT ANNA fuhr zunächst ganz ohne Probleme durch die Barents-See, passierte die Jugor-Straße und erreichte die Kara-See. Aber im September 1912 geriet das Schiff in dichtes Treibeis. Ende Oktober wurde der Mannschaft klar, daß keinerlei Hoffnung auf Befreiung vor dem Winter bestand. Das Schiff lag etwa acht Meilen vor der Westküste der Halbinsel Jamal entfernt. Man wollte sich am nahen Ufer ein Haus für den Winter bauen und begann Treibholz zum Heizen zu sammeln. Bald stellte sich aber heraus, daß dieses Eis, in dem die SANKT ANNA eingefroren war, nicht stillstand. Es trieb – nach Norden.
Das Schiff wollte aber nach Osten. Jetzt driftete es ununterbrochen auf den Nordpol zu – auch das ganze folgende Jahr hindurch. Im Frühjahr 1913 passierte das Eis mit dem eingeschlossenen Schiff die Linie, welche die Nordspitze von Nowaja Semlja und den äußersten Zipfel Asiens – Kap Tscheljuskin – verbindet. Jetzt wurde die Lage für die Brussilow-Expedition bedrohlich.

Auf der SANKT FOKA notierte N. W. Pinegin:
»Eben schwimmt der Vollmond am Himmel und spiegelt sich als tanzende Säule in den schweren Wogen, die wie Öl wirken. Die Ufer von Nowaja Semlja nördlich von Matotschkin Schar bezaubern durch ihre herbe Schönheit. Am Ufer entlang zogen sich die ruhigen majestätischen Gebirgsketten mit ihren scharf gezackten Gipfeln, in weiße Decken gehüllt, die hier und da vom Glanz smaragdgrüner Gletscher zerschnitten waren ...
Wir beobachten aber auch die zunehmende Vereisung, und eine unheimliche Empfindung ergreift unsere Seele. Die Eiszeit fällt uns ein: Hier ist sie, hier haben wir sie vor Augen. Als sich die Eismassen vor vielen Jahrtausenden vom hochgelegenen Skandinavien aus auf Europa zuschoben, da muß der ganze Norden so ausgesehen haben. Wir fahren durch schmale Kanäle. Wenn man von der Brücke aus auf das Eis blickt, so sieht es aus, als hätte jemand mit Tinte Linien in alle Richtungen gezogen und an den Kreuzungspunkten Kleckse gemalt. Die Linien sind die Kanäle, die Tintenkleckse die Waken ...
Die SANKT FOKA windet sich wie eine Schlange, kriecht in die schmalsten Rinnen und Spalten, macht Wendungen von 180 Grad, zerschlägt, knackt und schneidet das Eis – sie ist in ihrem Element.«

Und dann schwärmt Pinegin von dem einzigartigen Licht der Hohen Breitengrade: »Der Kontrast zwischen dem glühenden Himmel und den lila Eisplatten auf dem dunkelgrünen Meer ist von überraschender Wirkung. Und nichts weiter als Eis, Himmel, Meer und Luft, die durchsichtig ist wie Tau ...
27. September. Am Abend setzt ein furchtbarer Sturm ein, begleitet von starkem Schneefall und Schneetreiben. Erst nach 24 Stunden klart es auf. Doch was sahen wir! Eine geschlossene Eisdecke lag auf allen Meerengen und Buchten. Wir waren vom Eis eingeschlossen. Es macht wenig Vergnügen, auf einem Schiff zu treiben, das auf dem offenen Meer vom Eis eingeschlossen ist, wie das mit Payer und auch mit der Mannschaft der HANSA vor wenigen Jahren geschah.
Jeden Augenblick den Untergang des Schiffes zu erwarten, die Freiheit der Entscheidung zu verlieren, dazu auch jegliche Möglichkeit, den eigenen Plänen zu folgen, einen einzigen Gedanken zu hegen – den Gedanken an die Rettung des nackten Lebens, monatelang und jahrelang nichts zu sehen als ein und dieselbe Eisscholle und das Auge nur selten einmal durch den Anblick von etwas Wasser in einer Spalte des Eisfeldes zu erholen – furchtbar!
Aber – so ist nun einmal der Mensch. Von Sedow angefangen bis herab zum jüngsten Heizer warteten alle auch nach dem 28. September auf eine Weiterfahrt und strebten mit der ganzen Kraft ihrer Wünsche danach, aus dieser Falle freizukommen. Aber was ließ sich da tun – hier ist die

Der Kontrast zwischen dem glühenden Himmel und den lila Eisplatten auf dem dunkelgrünen Meer ist von überraschender Wirkung. Und nichts weiter als Eis, Himmel, Meer und Luft, die so durchsichtig ist wie Tau. Wo ist die Grenze zwischen Licht und Schatten? Sie ist nicht zum Greifen, aber sie ist vorhanden wie die Tonübergänge unter dem Bogen eines genialen Geigers.

N. W. Pinegin

Natur noch unbeugsam, sie ist es gewohnt, den Ankömmlingen ihren Willen zu diktieren. Man muß sich unterwerfen.«

Am 10. Oktober notierte Pinegin: »Ja, wenn wir die Augen schließen und lauschen, dann ist es, als wären wir in der fernen Heimat! Aber öffnet man die Augen – ringsum dehnt sich das Eisfeld aus, uneben wie ein Sturzacker, das Schiff liegt mit weißgepuderten Masten fest. Sie recken sich gen Himmel, und dort, über ihren Spitzen, flammen die bleichen Strahlen eines Nordlichtes auf.«

In diesem eisstarken Jahr 1912 hatten aber weder die SANKT FOKA noch die SANKT ANNA eine Chance, ihre Ziele zu erreichen. Beide Mannschaften überlebten die eiskalte Polarnacht, in der die Temperaturen auf minus 50° Celsius – und deutlich tiefer – sanken.
Auch im darauffolgenden Sommer 1913 gab das Eis keines der beiden gefangenen Schiffe frei!
In den ersten Septembertagen passierte das Eisfeld mit der eingeschlossenen SANKT ANNA bereits den Breitengrad der Südinseln des Franz-Joseph-Landes und ließ Anfang Dezember auch den Breitengrad des nördlichsten Teils dieses Archipels hinter sich.

Schon im September 1913 war es auf der SANKT ANNA zwischen dem Expeditionsleiter Brussilow und dem Steuermann Albanow zu harten Auseinandersetzungen gekommen. Albanow glaubte an keine Möglichkeit der Befreiung aus dem Eis, selbst im Sommer 1914 und auch im folgenden Jahr schien ihm diese unmöglich, denn jetzt trieb die Scholle mit dem gefangenen Schiff nach Westen und würde im nächsten Sommer, also 1915, die nördliche Grönlandküste erreichen, wo die Eisverhältnisse immer denkbar ungünstig sind. Nach solchen Erkenntnissen bat Albanow seinen Expeditionsleiter, ihn von seinen Steuermannspflichten zu entbinden.

Albanow beschloß, sein Schiff zu verlassen. Er wollte sich mit selbstgebauten Schlitten und Kajaks zum Franz-Joseph-Land durchschlagen und hoffte, in den Jackson-Bauten auf Kap Flora Proviant vorzufinden.
(Der Brite Frederick Jackson startete 1894 eine Überwinterungsexpedition im Franz-Joseph-Land und errichtete auf Kap Flora seine sehr gut ausgerüstete Basis »Elmswood«. In drei Jahren hat Jackson dort sehr viel Neuland erforscht und kartographiert. Am 17. Juni 1896 kam es vor Kap Flora zu der denkwürdigen Begegnung zwischen Jackson und Nansen. Jackson bot nach dem Zusammentreffen Nansen und seinem Begleiter Johansen sein Schiff zur Heimfahrt an, vermutlich hat er den beiden Norwegern damit ihr Leben gerettet.)
Der größte Teil der Mannschaft wollte mit Albanow gehen, so daß die Zurückbleibenden an Bord mehr Lebensmittel für sich zur Verfügung haben würden. Durch die Reduzierung der Mannschaft könnte auch lebensnotwendiges Heizmaterial eingespart werden. 14 Mann entschlossen sich schließlich, die SANKT ANNA zu verlassen.
Am 10. April 1914 zog Albanow mit 13 Kameraden in der Hoffnung los, Franz-Joseph-Land zu Fuß über das Eis zu erreichen. Er besaß nur eine Kopie der relativ ungenauen Karte von Fridtjof Nansen, die der Norweger während seiner Driftexpedition gezeichnet hatte. An Proviant hatten die Männer 490 kg Zwieback, 16 kg Erbsmehl, 8 kg gedörrtes Fleisch, 20 kg Fleischkonserven, 4 kg Grieß, 4 kg Dörrgemüse, 2 kg Dörrobst, 8 kg Trockenzwiebeln, 2 kg Butter, 4 kg Tee, 6 kg Zucker, 2 kg Schokolade, 16 kg Salz, 1 kg Pfeffer, 1 kg Senf und 12 kg kondensierte Milch. Zur Ausrüstung gehörten außerdem 3 Gewehre und 1.250 Patronen für die Jagd, 1 Chronometer, 1 Sextant, 2 Kompasse, Harpunen, Beile, Sägen und gute Polarkleidung.

Tagebuch Albanow: »Ich nahm die Mütze ab und schlug ein Kreuz, die anderen folgten meinem Beispiel. Dann rief jemand ›Hurra‹, alle stimmten ein, legten sich in die Riemen, und wir traten unseren weiten Weg an …
In diesem Augenblick lag das nächste erreichbare Land, Kap Fligely auf der Rudolf-Insel, 65 Seemeilen nach Südsüdwest von uns entfernt.
Es ist nicht verwunderlich, daß wir alle unsere Kenntnisse über das Franz-Joseph-Land aus Nansens Schriften schöpften. Wir wußten, daß Nansen und Johansen vor fast 20 Jahren diesen Archipel durchschritten und auf der Insel, die sie nach Jackson benannt hatten, in einer sehr primitiven Hütte überwinterten. (Diese »Hütte« bestand nur aus einem Erdloch mit einer Walroßhaut als Dach.) Im darauffolgenden Jahr waren sie auf der Northbrook-Insel bei Kap Flora mit Jackson zusammengetroffen, der sich hier anscheinend nicht übel eingerichtet hatte. Wir wußten, daß einst auf diesem Kap eine ganze Anzahl guter Bauten errichtet worden war, doch ob nach Jackson noch jemand dort gewesen war, ob diese Bauten noch erhalten geblieben waren und ob man dort ein Proviantdepot zurückgelassen hatte, das wußten wir nicht. Es war uns aber bekannt, daß Nansen die Jagd auf diesem Kap und überhaupt auf dem Franz-Joseph-Land ganz besonders rühmte, und so hofften wir, dort Walrosse anzutreffen, denen man, wie man sagt, schon fast mit einem Schlegelhieb über die Schnauze fahren kann, ohne daß sie sich in ihrem Schlaf stören lassen. Kurz, wir wußten nur das, was man aus Nansens kurzer Reisebeschreibung entnehmen konnte. Und deshalb diente mir dieses Werk als Hand- und Nachschlagebuch. Ich hatte es mehrere Male gelesen und kannte ganze Passagen auswendig.«

Nansens zweibändiges Buch »In Nacht und Eis« umfaßt über 1.000 Seiten! Anfang August 2006 habe ich übrigens das Kap Fligely und die gesamte Rudolf-Insel fast völlig eisfrei vorgefunden.

Der Leutnant zur See Georgi Lowitsch Brussilow blieb mit 11 Männern und einer Frau auf der SANKT ANNA zurück. Bis heute fehlt von dem Schiff und seiner Besatzung jede Spur!

Tagebuch Pinegin vom 12. Oktober 1912 während der ersten Überwinterung vor Nowaja Semlja:
»Doch wie schön ist es, auf dem weichen Schnee dahinzulaufen, ohne zu wissen wohin, vorbei an den graublauen, weißlich schimmernden Flecken

der Eisblöcke, auf das Ufer, wieder auf das Eis und weiter in den grauen Nebel und in das Schweigen hinein. Du hältst an: kein Laut ringsum. Als ich einmal so stehen blieb, war es mir, als höre ich Schritte. Ich horchte hin. Wer mochte hier gehen? Vielleicht ein Bär? Ganz klar, ganz deutlich schallte es durch die Stille: top, top, top – irgendwo weit von hier. Nein, nicht weit. Das ist ganz nah. Ja, das ist hier – und plötzlich begreife ich: ich höre, wie mein eigenes Herz schlägt.
Und die Stille strömt dir in die Ohren, eine Stille, die sich mit nichts vergleichen läßt. Auch vor den Augen breitet sie sich aus. Sie geht von dem gleichmäßigen, weichen, erlöschenden Licht aus, von dem milchigen Nebel und dem Fehlen der Schatten und Farben. Es scheint dir, du könntest dich selber spurlos auflösen in dieser Stille! …
Und dann das Nordlicht: Es begann im Nordwesten als silberblauer Streifen. Dieser durchsichtige funkelnde Streifen zog sich über den Himmel, stieg höher und leuchtete heller und heller. Dann entfaltete sich ein lichtes Band, über die Sterne senkte sich ein hauchzarter Vorhang aus durchsichtigem Licht. Festlich strahlt das Nordlicht, es durchkreuzt die Bahnen der Sterne, es wächst, es schwindet, bald flammt es als grüner Strahl im Zenit auf, bald funkelt es in leuchtenden Fäden, bald wogt es in strahlenden Falten von Horizont zu Horizont. Mit Entzücken folgst du diesen Wandlungen und merkst nicht, wie am anderen Ende des Himmels ein neues Nordlicht beginnt. Schnell wächst es, schwillt an, und schon breitet sich ein neuer Vorhang von blendendem Glanz über den ganzen Himmel … sternbesäter Himmel, unverletzliche Stille.
Das Nordlicht währte Stunden. Ich stand lange da. Aber einmal muß man sich losreißen. Doch kaum wollte ich gehen, da flammte der Himmel wieder auf. Wie die Hauptströmung eines Flusses die Uferströmungen an sich zieht, so verschlang ein gewaltiger Vorhang langsam die übrigen. Nachdem das Licht sich in einem Strom gesammelt hatte, flimmerte der Schleier von neuem zwischen den fernen Sternen. Es schien, als schwinge jemand im blauen Äther ein riesiges strahlendes Band, und dieses silberne Band zitterte, streckte sich, spielte in vielfarbigem Feuer. Nur der obere Teil des Nordlichtes bewahrte sein silbernes Blau, alles andere schien aus flüssigem Gold zu sein, und den unteren Rand des großartigen Vorhanges faßte flammender Purpur ein. Noch einen Augenblick, dann sprühte im Zenit ein Feuerwirbel auf – orangenfarben, rot, grün. Ein wunderbares, märchenhaftes Feuerwerk! Und gleich darauf entzündete es sich wieder – ein Band, ein zweites …
Die ganze Nacht spielten zuckende Lichter über dem regungslosen Schiff, der gestirnte Himmel flammte auf und erlosch in stetem Wechsel …

8. November. Gestern und heute habe ich die Zeit der Morgendämmerung im Freien verbracht. Oh, welchen Zusammenklang von Farben tranken meine Augen! Die ganze Schönheit beruht auf ihrer Unbestimmtheit. Es gibt nicht einen grellen oder lebhaften Farbflecken, alles versinkt in einem zarten Dämmerlicht, das halb aus Licht, halb aus Dunkel besteht. Die dunkelblaue Kuppel des nächtlichen Himmels mit den großen Sternen und dem Monde, gleichzeitig der Schein der Morgenröte auf den emporragenden Eisblöcken und der Schimmer des orangefarbenen Mondes in den Schlagschatten. Will man diese Beleuchtung mit Farben wiedergeben, so weiß man nicht, soll man das Mondlicht für Licht halten oder für Schatten. Wo ist die Grenze zwischen Licht und Schatten? Sie ist nicht zum Greifen, aber sie ist vorhanden wie die Tonübergänge unter dem Bogen eines genialen Geigers.

9. Februar. Heute hat die Sonne unseren Horizont überschritten. Ein Festtag! Um 11 Uhr begaben wir uns mit Flaggen, Plakaten und Fahnen auf den Berg, um die aufgehende Sonne zu begrüßen. Die feierliche Prozession bewegte sich zu einem Zelt, das wir schon vorher aufgeschlagen und mit Speisen versehen hatten. Um Mittag waren minus 17 Grad Frost, der Himmel brannte in greller Röte, der Himmelsrand war klar. Alle hatte die Hoffnung herausgelockt, die Sonne zu sehen. Gegen 12 Uhr erhob sich am Himmel eine rote Säule, der Widerschein der aufgehenden Sonne – doch die Sonne stieg noch nicht so hoch, daß sie hinter dem Gebirge von Nowaja Semlja hätte hervortreten können.

18. Februar. Und plötzlich durchbrach unerwartet ein zarter Strahl den Nebel. Die Sonne blitzte auf und beleuchtete den Schnee, der in fließender Bewegung war.
›Die Sonne, die Sonne!‹ rief es auf Deck. Alle verließen ihre Arbeit und riefen: ›Hurra! Hurra!‹ – ohne Ende, als habe sich ein besonders freudiges Ereignis vollzogen. Jemand schoß ein Gewehr ab, dann krachte die Kanone. Wortlos standen wir in einer kleinen Gruppe da und schauten auf die Sonne, die sich langsam aus dem Schneenebel befreite. Endlich hatte unser Warten ein Ende, es war wirklich Tag geworden!«

Die Männer blieben während der Überwinterung nicht etwa untätig an Deck der SANKT FOKA, sie arbeiteten unentwegt, unternahmen lange Schlittenfahrten und erforschten dabei die Küsten und das Inland von Nowaja Semlja. Nach einer solchen Reise notierte Pinegin:
»Während dieser Schlittenreise hatte Sedow 16 kg von seinem bisherigen Gewicht verloren. Nachdem er die abwaschbaren Ruß- und Schmutzschichten mit Wasser und Seife entfernt hatte, gewann er sein früheres Aussehen nur zum Teil wieder. Die Magerkeit blieb für einige Zeit, und etwas Neues blieb in seinem Gesicht für immer.«

Und dann kamen auch die Bären, Hunderte besuchten die SANKT FOKA im Winter. Pinegin schrieb am 9. Juli:
»Es war ein starker Bär. Die Hunde glichen neben ihm winzig kleinen Knäueln. Wieviel Mut muß ein Hund haben, um sich auf so ein Untier zu stürzen! Und ganz unwahrscheinlich ist es, ein Tier im Lauf aufzuhalten, das von der Natur so gut mit Waffen ausgerüstet ist. Doch ich sehe, der Bär läuft in vollem Galopp, aus der Schar der Hunde schnellt aber der verwegene Wolk hervor, beißt sich im Anlauf in die Flanke des Bären, preßt die Zähne fest zusammen und läßt nicht locker, so daß

er über den Schnee geschleift wird. Der Bär hemmt seinen Lauf: ›Man muß doch solch ein freches Nichts abschütteln.‹ Aber kaum wird der Galopp langsamer, da hängt Rasbroinik ihm an der Kehle und zieht den vorgestreckten Hals abwärts. Jetzt muß der Bär ganz anhalten. In diesem Augenblick ist das unglückliche Raubtier schon ganz von den Hunden umringt. Einer springt ihm auf den Rücken, ein anderer packt es am Bauch, einer versucht, es in die Schnauze zu beißen. Nun steht es still. Den einen und den anderen Hund treffen die Schläge der mächtigen Pranken. Die Hunde weichen vor den furchtbaren Zähnen zurück, und die Meute bildet einen Ring um den Bären.
Mit schwerem Stöhnen und mit bösem Brüllen streckt der Bär seinen langen Hals bald nach links, bald nach rechts und späht nach einer schwachen Stelle des Ringes. Aber er findet keine. Überall passen sie scharf auf, diese erbärmlich kleinen Feinde. Das Raubtier überlegt. Es setzt sich auf die Keulen und schiebt die Hinterpranken vor, so daß sie sich vorn befinden. Gleichzeitig zieht es den Hals ein, jetzt erinnert sein ganzer Rumpf an eine gespannte Feder. Noch einen Augenblick... und die Feder streckt sich. Indem er sich mit den Hinterpranken abstößt, macht der Bär einen Sprung von 6–8 Metern, durchbricht den Ring, tritt im Lauf irgendeinen der Hunde nieder und rennt weiter, was die Kräfte hergeben. Aber nicht lange. Ein Packeisrücken versperrt ihm den Weg.
Diesen Aufenthalt nutzen die Hunde. Die ganze Meute zaust ihn, packt ihn, bringt ihn zum Stehen. Ich halte mich in einer Entfernung von etwa 30 Schritten und sehe den aufgesperrten blauen Rachen mit den furchtbaren Zähnen, die Schaumflocken am Maul, die blutunterlaufenen Augen. Er versucht wieder einen Sprung, doch der kleine Pirat kommt von der Seite, packt ihn am Ohr und hängt sich an ihn. Der Bär sitzt nicht ganz sicher, durch die Wendung und den überraschenden Angriff kommt er zu Fall. Eine unbeschreibliche Rauferei beginnt, sie ist zwar sehr kurz, aber als der Bär sich losreißt, hat er auf dem weißen Pelz einen roten Fleck. Rote Flecken sieht man auch in den Fährten der Hunde.
Es ist unmöglich, dem einmütigen Rudel zu entkommen. Der Bär sieht sich um, bemerkt einen Eisberg und versucht, sich zu ihm durchzuschlagen. Ich fürchte, der Bär könnte von der Höhe aus das offene Wasser am Ufer entdecken und sich darin retten. Darum versuche ich zu schießen, aber das Gewehr versagt mehrmals. In das Schloß ist Schnee eingedrungen. Endlich kracht der Schuß, und das Sprenggeschoß durchdringt die Brust des Raubtieres. Die furchtbare Wunde schien gar keinen Eindruck zu machen, der Bär lief einfach weiter und verschwand hinter den Bruchstücken eines Eisberges. Ich wollte ihn wieder ausfindig machen und befand mich plötzlich nur zwei Schritte vor ihm. Vorsichtig mußte ich noch ein Dutzend Schritte zurückweichen – schießen, ohne mit der Kugel einen Hund zu streifen, war fast ausgeschlossen. Der Bär machte jetzt Mine, sich auf mich zu stürzen, aber die Hunde drängten ihn zurück, und er zog es vor, einen Eisberg zu erklettern. Ich erlegte den Flüchtling in dem Augenblick, als er, in die Schneemasse zwischen dem Eise eingesunken, sich daraus zu befreien suchte.«

Am 31. Juli kommt der Sommer, und Pinegin hat ihn beschrieben:
»Das Flüßchen ist angeschwollen, es rauscht und spült, es hüpft über die Steine bis zum Strand, als wolle es das Meer überfluten. Aber gib nur acht: es kommt die helle, kühle Nacht, der Nebel wird steigen, im Gebirge wird es Reif geben – da wird der Stolz des Flüßchens im Nu dahinschwinden. Die Polarblumen haben ihre Kelche geöffnet. Ich werfe mich vor ihnen nieder mit begierigem Blick und mit dem glänzenden Auge des Objektivs: da ist es, das allgegenwärtige Leben! Todbringende Kälte herrscht den größten Teil des Jahres, nur zwei bis drei Wochen währt der Sommer. Elf Monate im Jahr verborgen sein und ein paar Tage lang eilig blühen, um auf den gefrorenen Boden lebenden Samen streuen zu können, unter eine Schneeschicht, die mehr als 2 m mächtig ist und vielleicht gar nicht schmelzen wird, ist das nicht ein Sinnbild der Hoffnung?!

10. August. Wir gehen auch auf Robbenjagd. Wir würden die netten Tiere ja in Ruhe lassen, wenn sie nicht so fett wären. Jede Robbe hat etliche Dutzend Kilogramm Speck – mit anderen Worten: Brennstoff für die bevorstehende Reise nach Franz-Joseph-Land. Deshalb vergessen wir Mitleid und geben uns große Mühe, soviel Robben wie nur möglich zu töten.

15. August. Sedow und ich gingen zusammen auf Robbenjagd. Sedow nahm dabei ein kaltes Bad, er brach an einer anscheinend ganz gefahrlosen Stelle ein. Vor einigen Tagen passierte auch mir diese »ganz gewöhnliche Geschichte«. Als ich beim Abendessen von meinem Abenteuer erzählte, rief Sedow:
›Ich bin sehr froh darüber!‹
Ich war über diese Bemerkung gekränkt und erwiderte doch:
›Ihr Vergnügen ist mir mehr wert als der Wechsel meiner eigenen Leibwäsche!‹
›Ach nein, ich empfinde keine Schadenfreude darüber, daß Sie durchweicht wurden, aber das Eis ist doch so dünn geworden! Wir werden also bald freikommen!‹
Als ich Sedow heute die Leine der Harpune zuwarf und ihn auf festes Eis herauszog, wiederholte ich lachend:
›Nun, was tut es, ich bin auch sehr froh darüber!‹
›Genau wie ich‹, antwortete er lachend, indem er das Wasser um sich spritzte wie ein Mühlrad. ›Das ist doch herrlich, gar keinen Verdacht hatte ich, daß man hier einbrechen könnte. Ich bin bereit, fünfmal am Tag ein Bad zu nehmen, wenn nur das Eis so schnell wie möglich zum Teufel geht!‹

3. September. Heute brachen die Eisketten ganz unerwartet. Schon am Tag vorher bemerkten wir eine schwache Bewegung der Süßwasserlache direkt am Schiff. Von allen Seiten her zogen sich jetzt Risse durch das Eis, die den Nebel mit grauen und smaragdgrünen Strichen durchschnitten. Eine Spalte sprengte wie ein Schuß das Eis unter dem Vordersteven der SANKT FOKA und erweiterte sich im Nu zu einem mehr als

Polarlicht in der Arktis, fotografiert in der Silvesternacht 2005/06.

meterbreiten Kanal, dessen weit entferntes Ende im treibenden Nebel verborgen lag. Um die Mittagszeit spürte man schon ein Zittern des Schiffes. Die Kesselanlage arbeitete. Alles war klar an Bord.

Im Steinmal auf dem Michailow-Berg wurde eine Nachricht niedergelegt. Um 8 Uhr lief die Ankerwinde an. ›Kette kla-a-ar!‹ erklang die Stimme auf der Back. ›Anker klar!‹

›Bimm, bimm, bimm‹, klingelte im Maschinenraum der Telegraf. Von unten wurde geantwortet: ›Alles klar!‹

Schäumend sprudelte das Wasser hinter dem Heck auf das Eis ... Es war nicht leicht, sich aus den Eisschollen zu befreien, die unsere Schiffswände zusammenpreßten – im Lauf eines Jahres hatte das Eis eine Dicke von fast vier Metern erreicht.

Nicht weniger als eine halbe Stunde arbeitete die SANKT FOKA, um sich aus den festen Umarmungen der Schollen freizukämpfen.

6. September. Erst als es dunkel wurde, faßten unsere Segel endlich Wind und trugen das Schiff ins offene Wasser hinaus. Die Männer an Bord wußten, wo sie waren und wohin sie wollten – zum Franz-Joseph-Land –, und das lag im Nordwesten.«

Albanow dagegen vermutete nur, wo er war und wohin er mußte. Das Franz-Joseph-Land lag im Südosten.

»Kaum hatten wir die ersten Eisrücken erreicht, als die Kufe eines Schlittens brach. Sofort wurde der Kajak heruntergenommen, der Schlitten umgedreht, und 45 Minuten später war der Schaden behoben. Als wir am nächsten Tag erwachten, sahen wir sofort, daß an ein Weiterkommen gar nicht zu denken war. Heftiger Südwind riß und rüttelte an unserem Zelt. Wir schliefen daraufhin den ganzen Tag, denn das Unwetter verbot uns jegliche Tätigkeit. Der Schneesturm dauerte drei Tage lang. Manchmal versuchten einige Gefährten, die Einsamkeit durch lauten und lustigen Gesang zu beleben und damit das Heulen des Sturmes zu übertönen.

Endlich schien die Sonne wieder durch, und ich konnte die Höhe messen. Danach kam der Schock! Es war kein Zweifel möglich, daß uns der Sturm während der letzten vier Tage um zwanzig Seemeilen nordwärts getrieben hatte.

Das übertraf die Marschleistung von 4 Tagen nach Südosten bei weitem.

Finster saßen wir frierend beieinander, in unsere Malizas eingemummt, kauten Zwieback und ließen kleine Eisstückchen im Munde zergehen. Das Fehlen von Trinkwasser machte sich sehr unangenehm bemerkbar, das Eis war dafür nur ein schlechter Ersatz. Und nach dem trockenen Zwieback quälte uns ständiger Durst.«

SANKT FOKA, 13. September: »Ich erwache von einem erregten Sprechen in der Offiziersmesse. Worüber kann es dort so lebhafte Auseinandersetzungen geben – ob da endlich Land in Sicht gekommen ist?

Tatsächlich, man hatte nichts mehr und nichts weniger als Franz-Joseph-Land gesichtet, und zwar gleich nach Sonnenaufgang. Unwillkürlich fallen mir Nansens Worte ein:

›So also sah das Land aus! Wie lange hat es unsere Träume heimgesucht! Ich hatte es mir in vielen Formen vorgestellt, aber nie so.‹

Länger als ein Jahr lang sind wir schon auf dem Weg zu diesem Land. Eine große Herde Walrosse hatte das Schiff umringt und begleitete uns. Von Zeit zu Zeit öffneten die Ungetüme ihre Rachen, dann stießen sie mit Dampf und Wasser ein Bellen heraus und ein Schnauben, das wie Grunzen klang.

›Noch zwei Arm voll zerschnittene Taue unter die Kessel und noch eine halbe Tonne Tran!‹

›Flink, flink, Iwan Sander, mach schnell, damit wir endlich Flora erreichen‹, rief der Steuermann in das Maschinenlug.

Niemand ist noch so spät im Jahr an diesen fernen Küsten gelandet. Mitte September herrscht im Franz-Joseph-Land schon Winter, aber dennoch plätschert das dampfende Meer am Rande des Ufereises. Wieviel wagemutige Männer sahen in Kap Flora die erste Stufe zur Verwirklichung ihres Traums vom Pol. Und wieviel unerwartete Hindernisse, wieviel Not und Enttäuschung gab es im Kampf des Menschen um Wissen und Leben. Werden wir mehr Glück haben? Wird Sedow den Pol erreichen?

Über das flache Ufer, das mit Basaltgeröll übersät ist, stiegen wir zu einer Hochebene empor, auf der in der Nähe eines kleinen Sees alle Gebäude liegen, die Jackson im Jahr 1894 errichtet hat. Das Hauptgebäude schaut mit seinen kleinen Fenstern in die kahle Weite des Ozeans. Es hat sich besser erhalten als die übrigen, denn es ist eine Art der russischen Bauernhäuser, aus Balken errichtet. Die Türen standen offen, die Fenster waren zum Teil von Bären aufgebrochen, im Inneren war alles total vereist.«

Die Sedow-Expedition entschloß sich, nach einem nur kurzen Aufenthalt auf Kap Flora, zur erneuten Überwinterung etwas weiter nach Norden zu fahren, hinein in die Tichaja-Bucht.

Die Stille Bucht – so die Übersetzung – liegt zwischen dem 200 m hohen Rubini-Rock (siehe Seite 119) und der Hooker-Insel, dort fanden die Männer einen idealen Ankerplatz.

Am 20. Oktober verließ die Sonne Schiff und Mannschaft, die zweite Polarnacht war hereingebrochen.

2. November: »Der Himmel im Süden ist rosenrot, lebhaft getönt. Starre Federwolken sind darauf gezeichnet wie Weintrauben auf dem Tuch einer russischen Bauersfrau. Das Licht der Himmelsröte hat keinen Glanz, es ist gedämpft und matt – man sieht keinen Abglanz auf dem zu Bergen aufgetürmten Packeise, kaum daß man etwas Helligkeit auf den Buckeln der Eisblöcke bemerkt, und in den Vertiefungen der gewellten Rinde aus verharschtem Schnee werden die Schatten kaum dunkler. Das ist die Beleuchtung der heranrückenden Nacht, der letzte Rest des dämmrigen Tages. Kehrt man den Farben im Süden den Rücken und schaut nach

Norden, so hat man die Nacht schon vor sich. Im tiefblauen Himmel mit den punktförmigen, strahlenlosen Sternen ist es wirklich Nacht. Nacht ist es auch in der dichten Luft, die so durchsichtig und so rein ist, daß man meint, sie brauche nur noch ein wenig fester zu werden, um sich in einen einzigen Kristall zu verwandeln, der alles in sich einschließt – die Himmelsröte, den tiefblauen Himmel, die toten Berge und das Schiff, das jetzt einem Käferchen mit langen Fühlern gleicht.

13. November. Langsam machen sich die Folgen der Feuchtigkeit und der unzureichenden Ernährung bemerkbar. Der Steuermann klagt darüber, daß sein Zahnfleisch geschwollen ist und alle Zähne wackeln. Über dieselben Beschwerden jammert auch der Koch Ivan. Heute bat der Mechaniker um Spiritus.
›Wozu?‹
›Die Zähne schmerzen.‹
Kuschakow schaute ihm in den Mund. Das ganze Zahnfleisch ist wund, und es strömt einen fauligen Geruch aus.

15. Dezember. Injutin geht es schlecht. Sein Gesicht ist gedunsen, unter den Augen hängen blaurote Säcke, die halb geöffneten Lippen lassen Fetzen von blutigem Zahnfleisch und schwarz gewordene Zähne sehen. Das ist Skorbut!«

Nur den Hunden geht es gut:
»Erzähl mir doch, Pan, warum bist du immer so fröhlich? Du bist kein Athlet, aber dein Schwanz ist immer stramm zu einem Haken gekrümmt. Wenn es langweilig ist, kläffst du und jagst deinem eigenen Schwanz nach. Hunger, Prügel oder Frost vergißt du bald und denkst nicht mehr an die Not. Deine Sorglosigkeit ist zum Staunen. Gewiß bist du ein großer Weiser. Erzähl mir doch etwas vom Gebot der Hundefröhlichkeit!
Pan dreht das lebhafte Köpfchen zu mir, läßt das Lächeln und hört aufmerksam zu. Die schwarzen Ohren mit den weißen Abzeichen richten sich nach vorn. Pan zeigt das rosige Weiß seines dunklen Auges und wartet geduldig auf das Ende meiner Rede, dann kläfft er und küßt mich unerwartet gewandt auf die Lippen.«

25. Dezember. Auch Sedow klagt jetzt über eine Schwäche seines Zahnfleisches. Die Anzeichen von Skorbut bei einem so kräftigen Mann erschüttern alle. Dennoch notiert Pinegin am 4. Januar 1914:
»Die Polarnacht ist bezaubernd schön. Ringsherum gibt es nur Wunder. Am Himmel strahlt ein prächtiges Fest. Aber auf Erden ... Wo ist denn das wahre Gesicht der Polarnacht – in ihrer Stille, die alle Leidenschaften dämpft, in der Schönheit des von Sternen übersäten Himmels und in den Nordlichtern, deren Pracht sich niemand vorstellen kann, der sie nicht selbst gesehen hat? Oder in dem Bild, das sich gestern bot, als sich unter dem schneeverwehten Takelwerk unrasierte Menschen mit schwarzen Zähnen im geschwollenen Zahnfleisch und mit seltsam glänzenden Augen zusammenfanden?«
Sedow legte seine Abreise zum Pol auf den 15. Februar fest und bestimmte Kuschakow zum Expeditionsleiter an Bord. Kuschakow war Tierarzt, hatte aber in der Expedition die Arbeit des Arztes übernommen.
»Er ist der Älteste von allen und hat die Fähigkeit zu kommandieren«, erklärte Sedow. »Wir Gesunden hegen allerdings großes Mißtrauen gegenüber der Diagnose unseres Tierarztes und seiner ganzen ärztlichen Tätigkeit. Kuschakow redet uns allen ein, wir leiden nicht an Skorbut, sondern an Fleckenrheumatismus. Unglücklicherweise ist die Behandlung des Skorbuts der Behandlung von Fleckenrheumatismus genau entgegengesetzt. Unsere Kranken erhalten statt frischer Luft und entsprechender Ernährung riesige Portionen von salicylsaurem Natrium. Aber keiner von uns, die wir in medizinischen Fragen Laien sind, besitzt genügend Autorität, um die Wahrheit den dokumentarischen Eintragungen des ehrgeizigen Tierarztes gegenüberzustellen, der bestrebt ist, Sedow möglichst weit zum Pol abzuschieben, um sich selber an die Spitze dieser Expedition zu stellen.
Sedow ist durch und durch optimistisch. In seinen Träumen weilt er bereits am Pol. Er glaubt Kuschakows süßen Einflüsterungen und wird niemandem Glauben schenken, der ihm die bittere Wahrheit sagt – nämlich, daß für einen kranken Menschen die lange Reise zum Pol unmöglich ist. Leider gibt es auf der SANKT FOKA nur drei oder vier Männer, die durchschauen, daß hier vor unseren Augen ein fein eingefädeltes verbrecherisches Spiel getrieben wird.
Und bei diesem Spiel geht es um Sedows Leben!

Am 15. Februar war das Dämmerlicht trübe. Der Sturm hatte sich endgültig gelegt, nur ein schwacher Windhauch war geblieben, die Temperatur betrug minus 23 Grad Celsius. Erst gegen 10 Uhr begann es langsam hell zu werden. Sedow ging am Morgen zu einem Erkundungsgang raus und kehrte um halb elf zurück. Der Weg war schlecht. Der Sturm von gestern hatte mächtige Schneemassen zusammengeweht, der Schnee war noch nicht verharscht. Mit einem Gesicht, das noch bleicher war als gewöhnlich, und ganz außer Atem kam Sedow zurück an Bord. Er klagte über Schmerzen in den Beinen und über große Atembeschwerden.

Trotzdem hielt Sedow eine bewegende Abschiedsrede:
›Heute ist für uns und für Rußland ein großer Tag. Kann man denn mit einer solchen Ausrüstung eine Reise zum Pol unternehmen? Habe ich damit gerechnet, mit einer so schlechten Ausstattung zum Pol zu laufen? Wir haben nicht 80 Hunde, sondern nur 20! Unsere Kleider sind aufgetragen, der Proviant ist durch die Arbeiten auf Nowaja Semlja zusammengeschmolzen, und wir selber sind auch nicht mehr bei so guter Gesundheit, wie es nötig wäre. Das alles wird uns aber nicht daran hindern, unsere Pflicht zu erfüllen. Unser Ziel ist der Pol. Und dieses Ziel werden wir verwirklichen, für uns – und für Rußland!‹

Zum Schluß gab Sedow sich große Mühe, die Kranken zu ermutigen:
›Das Leben ist jetzt schwer, wir haben noch den rauhesten Zeitabschnitt zu überstehen, aber die

Das Franz-Joseph-Land, auf der Suche nach der Nordost-Passage entdeckt, gehört zu den schönsten Eiswelten der Arktis. Das Panoramabild zeigt die MacKlintok-Insel von Westen.

Der Eisbrecher KAPITAN DRANITSYN in der russischen Arktis, vom Bordhelikopter aus fotografiert.

Die KAPITAN DRANITSYN im Eis des Franz-Joseph-Landes, fotografiert vom Aussichtsdeck.

Zeit schreitet fort. Mit dem Aufgang der Sonne werden alle Eure Krankheiten verschwinden. Die Polreisenden werden wohlbehalten zurückkommen, und wir werden als festverbundene Familie, glücklich im Bewußtsein der erfüllten Pflicht, in die Heimat zurückkehren. Ich möchte Euch deshalb nicht Lebwohl sagen, sondern Aufwiedersehen!‹

Alle standen tief bewegt da. Ich sah, daß in vielen Augen Tränen schimmerten. Nach einigen Minuten waren wir draußen im Freien. Noch ein kleiner Aufenthalt für die Kamera, und alle Männer, die sich noch halbwegs bewegen konnten, setzten sich in Marsch nach Norden, begleitet vom Bellen und Heulen der vorwärtsstrebenden Hunde. Dumpf klang das Krachen der Kanonen in der nebligen Luft, die Flaggen bewegten sich kaum. Die Hurra-Rufe verhallten in den weißen Meerengen. An der Nordspitze der Hooker-Insel, sieben Kilometer von der Winterstation entfernt, machten wir Halt, drückten den Abreisenden die Hände, küßten uns.
›Also nicht Lebwohl, sondern Aufwiedersehen!‹ Ein paar in Eile gesprochene Sätze, und zwei Menschengruppen gingen auseinander. Die eine nach Norden, die andere zurück nach Süden. Noch ein paar Salutschüsse aus meinem Revolver, und das dunkle Streifchen – die drei Polarschlitten – schwand in der zunehmenden Dunkelheit der weiten Eiswüste.

13. März. Vögel sind eingetroffen. Heute morgen kreiste ein Schwarm kleiner Krabbentaucher über dem Steilhang, ganz so, als betrachte er die Örtlichkeit, und ließ sich dann irgendwo auf den Steinen nieder. Nach dem Mittagessen nahm ich die Flinte – vielleicht würde es mir gelingen, ein paar der Vögel für die Kranken zu erbeuten. Auf Deck holte Kuschakow mich ein und sagte: ›Ivan Sander stirbt.‹ Ich kehrte sofort um und öffnete die Tür zu seiner Kajüte. Sander lebte noch. Als die Tür knarrte, bewegte er sich und röchelte – das war sein letzter Seufzer. Bleich und regungslos lag Sander auf der linken Seite, die Augen geschlossen, die Hand unter die Wange geschoben. Es sah so aus, als schliefe er. Der Arme, wieviel hatte er in diesen letzten Monaten leiden müssen! Eine schmale Koje in der engen Kajüte, das schwache Licht des beginnenden Polartages, das kaum durch dieses stark vereiste Bullauge drang, graue, verräucherte Wände – das war die Umgebung seiner letzten Lebenstage und seines einsamen Sterbens ohne den Trost und ohne den Beistand seiner Angehörigen.«

Zur selben Zeit bestand Albanows Mannschaft nur noch aus elf Männern, die fünf schwere Schlitten zogen. Drei Männer fühlten sich dem Marsch über das Eis nicht gewachsen und waren zur Sankt Anna zurückgelaufen. Albanow notierte: »Ende April wurden wir fast alle schneeblind und hatten unerträgliche Augenschmerzen.
Wir verlieren jegliche Vorstellung von Ort und Zeit, und wie im Traum bewegen wir uns vorwärts, stellen mechanisch ein Bein vor das andere und legen uns in den Zuggurt.«
Anfang Mai machte Bajew einen Erkundungsgang und kehrte nicht zurück. Trotz intensiver Suche blieb der Mann verschollen. Immer wieder klagte Albanow über seine Kameraden, die nicht mitdenken wollten und ihm alleine die Arbeit überließen: »Ach, wenn mir Gott nur helfen wollte, mit diesen Schlafmützen glücklich das rettende Land zu erreichen!

20. Mai. Heute ist schon der 20. Tag, an dem ich unseren Standort wieder nicht bestimmen kann. Schlecht ist es mit unseren Instrumenten bestellt. Der große Kompaß ist zerbrochen und völlig unbrauchbar geworden; ich habe ihn weggeworfen. Der kleine Kompaß taugt auch nicht viel. Meistens bin ich auf meine Uhr, die Sonne und die winzige Kompaßnadel auf dem Feldstecher angewiesen. Aber was fehlt uns nicht noch alles! In erster Linie fehlen gute Schlitten und gute Ziehhunde!

23. Mai. Die Höhe war bei scharfem Horizont sehr gut und ergab die Breite von 82° 31'. Im Süden ist der Horizont sehr klar und ohne Wasserhimmel. Ich gewinne den Eindruck, daß jetzt das Eis nicht mehr mit dem Wind nach Süden treibt, weil es durch etwas gehemmt ist. Dieses Etwas kann nur Land sein, das Franz-Joseph-Land!

30. Mai. Wenn ich unsere Tagesmärsche mit der Bewegung einer Schildkröte vergleiche, so fürchte ich, die Schildkröte zu beleidigen.

9. Juni. Plötzlich sah ich einen scharf gezeichneten, silbrigmatten Streifen, etwas nach oben gewölbt, der genau von der Kimmlinie ausging und sich nach Osten zu allmählich verlor. Ich bin felsenfest davon überzeugt – das ist Land! Gott sei gelobt! Wie aber sollten wir an dieses Land herankommen – die Drift des Eises ist wieder gegen uns.

10. Juni. Es ist uns nicht gelungen, das Land zu erreichen, wir haben uns aller Wahrscheinlichkeit nach sogar weiter von ihm entfernt. Mit guten Vorsätzen ist nur der Weg zur Hölle gepflastert.

12. Juni. 1. sind sieben Mann, darunter auch ich, schneeblind. Wir haben Augenschmerzen wie nie zuvor. 2. haben wir während des ganzen Tages nur etwa eine Meile zurückgelegt!

Und dann wollte ich unsere Position bestimmen. Statt der Sonne sah ich aber nur einen verschwommenen Fleck, vom Horizont erkannte ich überhaupt nichts. Ach, diese Augen! Das Land ist noch immer genauso weit entfernt wie vor Tagen. Aber man darf nicht verzagen. Es sind doch erst sieben Tage verstrichen, seit wir die Insel gesehen haben. Soweit ich mich erinnern kann, hat Nansen, nachdem er die Weiße Insel zum ersten Mal wahrgenommen hatte, noch volle zwei Wochen gebraucht, um dort hinzukommen.

28. Juni. Es hat sich alles zum Guten gewendet, Gott sei Dank! Unter unseren Füßen ist kein schwankendes Eis mehr. Vor fünfundsiebzig Tagen haben wir die Sankt Anna verlassen, jetzt stehen wir endlich auf festem Grund – aber wo? Am

Strand fanden wir eine Bierflasche englischer Herkunft mit einer Papierrolle als Inhalt:
›The Jackson Expedition landed upon this cape – Cape Mary Harmsworthon. All well on board. 7. August 1897. Frederick G. Jackson, commanding the Expedition.‹«

Die Männer waren also tatsächlich auf dem Franz-Joseph-Land, an der Westküste, und mußten sich jetzt nach Süden zum Kap Flora durchschlagen. Albanow besaß zwei Kajaks. In ihnen hatten höchstens fünf Mann und das Gepäck Platz. Deshalb wurde beschlossen, fünf Männer ohne großes Gepäck über den Gletscher zu schicken, während Albanow mit den restlichen vier Seeleuten in den beiden Kajaks vor der Gletscherfront nach Süden fahren wollte. Nur diese Gruppenteilung garantierte rasches Vorwärtskommen.

Ein Mann starb während der Gletscherwanderung, vier Überlebende schleppten sich Tage später müde und kaputt runter zur Küste, wo die Kajakgruppe auf sie wartete. Die Expedition zog weiter, wieder getrennt in fünf Kajakfahrer und vier Fußgänger. Endlich erreichten die fünf Bootsmänner die Bell-Insel, fanden aber nicht die Hütte von Benjamin Smith aus dem Jahr 1801, die sich bis heute in einem verhältnismäßig guten Zustand befindet.
(Von 1880 bis 1881 erkundete der Engländer Benjamin Leigh Smith den Süden von Franz-Joseph-Land und baute auf der Bell-Insel eine Hütte, die er selbst aber nie nutzte, weil sein Schiff EIRA vor einer anderen Insel vom Eis zerdrückt wurde.)
Auf der Bell-Insel starb der Däne Nielsen. Ein kleiner Hügel aus Steinen kennzeichnet die Grabstätte. Albanow notierte am 6. Juli:
»Der Tod des Kameraden ergreift uns nicht allzu sehr; es war, als sei etwas ganz Gewöhnliches geschehen. Nur ein wenig sonderbar war uns zumute! Da ist ein Mensch drei Monate lang mit uns gegangen und nun ist er nicht mehr …«

Jetzt lebten nur noch acht Männer. Vier bei den Kajaks und vier bei der Überlandgruppe. Aber diese vier Skiläufer erreichten die Bell-Insel nicht. Sie blieben verschollen.

8. Juli: »Gegen drei Uhr nachts fuhren wir weiter zum Kap Flora. Das Wetter war prächtig, still, sonnig, und alles versprach eine gute Fahrt. Aber plötzlich verwandelte sich die ruhige, spiegelglatte Wasserfläche in einen brodelnden Hexenkessel. Unsere Kajaks tanzten auf den Wellen wie Spielzeug. Eisschollen wälzten sich heran, dichter Nebel hüllte uns ein und entzog die Insel unseren Blicken. Dazu gerieten wir in die einsetzende Ebbe, eine unglaublich starke Strömung erfaßte uns und trieb die winzigen Boote ins offene Meer hinaus. Ganz unbemerkt verloren wir im Nebel den zweiten Kajak aus den Augen. Bei einem solchen Wellengang gegen den Wind und die Strömung anzukämpfen ist unmöglich; deshalb beschlossen wir, an eine größere Eisscholle heranzukommen und hinaufzuklettern.«

Albanow hatte seinen Freund Konrad an Bord, der zweite Kajak mit den beiden Kameraden wurde nie mehr gesehen. Vermutlich sind die beiden im Sturm gekentert oder ins offene Meer hinausgetrieben.

Am 9. Juli erreichten die beiden letzten Überlebenden der SANKT ANNA Kap Flora. Die Beine versagten den so hart geprüften Männern jeden Dienst.
»Wir mußten uns hinlegen. Noch nie waren wir so geschwächt gewesen, so erschöpft, daß wir nicht einen Schritt hätten tun können.«

Am Jackson-Haus fanden sie ein kleines Brett mit einer Inschrift in lateinischen Buchstaben angenagelt:
»Expedition des Oberleutnant Sedow 1913.«

»Da hatten wir's! Wir waren in Sedows Lager gelandet. Aber warum war hier das Jahr 1913 angegeben, obwohl Sedow bereits im Jahr 1912, fast zur gleichen Zeit wie wir, aufgebrochen war? Merkwürdig …

Als wir an die Tür traten, bemerkten wir eine weitere, mit Blaustift geschriebene Inschrift:
›Die erste russische Polarexpedition des Oberleutnants Sedow landete am 30. August 1913 auf Kap Flora und ist am 2. September zur Teplitz-Bucht weitergezogen.‹«

Wie war es inzwischen dem bärenstarken Sedow ergangen, der von sich immer wieder gesagt hat: »Alle meine Krankheiten habe ich stehend überstanden.«

15. Februar: »Am Morgen ist es still, trübe, die Temperatur beträgt minus 13 Grad Celsius. In der Nacht ist tiefer Schnee gefallen. Um 10 Uhr hielten wir einen kurzen Gottesdienst ab. Meine Befehle wurden verlesen und Reden gehalten. Um 12 Uhr brachen wir bei einer Temperatur von minus 20 Grad Celsius in Richtung Pol auf, begleitet von Kanonenschüssen. Am Ende der Hooker-Insel stießen wir auf riesige Packeisrücken, zwischen denen wir der eingetretenen Dunkelheit wegen nur mit großen Schwierigkeiten durchkommen konnten. Die Schlitten stürzten um, die Menschen fielen hin. Ich flog mit meinen kranken Beinen ein paar Mal in den Schnee.

16. Februar. Der Weg ist abscheulich. Es ist viel Schnee gefallen, die Schlittenkufen schneiden tief ein, die Hunde können kaum ziehen. Es ist eine Höllenkälte, minus 35 Grad, dabei weht der Wind gerade gegen uns. Um 4 Uhr, nach etwa 12 km, machen wir halt, um zu übernachten. Wir kämpfen tapfer gegen die Kälte an, aber die Tiere sind schlimm dran, wir nehmen die armen Geschöpfe mit ins Zelt. Meine Beine werden besser, Gott sei Dank!

17. Februar. Um Mittag sahen wir eine herrliche lichtrote und so lang ersehnte Himmelsröte. Die Hunde ziehen gut, obwohl sie schon den dritten Tag nichts fressen. Wir verbrennen etwa 2 Pfund Petroleum pro Tag. Das ist das Doppelte der vorgesehenen Menge!

18. Februar. Ich bin durchgefroren. Ich huste, es fällt mir schwer, bei dem starken Frost im Gehen zu atmen.

19. Februar. Heute träume ich von Werusja (das war Sedows Frau); mögen die Götter sie schützen! Ich bin ganz krank, verliere aber nicht den Mut.

20. Februar. Von 2 bis 4 Uhr tobte ein Schneesturm. Das gab uns den Rest, wir kamen kaum vorwärts.

21. Februar. Der Schlafsack ist an einigen Stellen vereist, es wird kalt darin. Das Laken wird schweißnaß und gefriert schnell. Minus 35 Grad. Ich habe mich stark erkältet. Eine Bronchitis würgt mich, ich kann kaum Atem schöpfen. Gegen Abend stellt sich heftiger Schüttelfrost ein.

22. Februar. Nachdem wir etwa 15 km gegangen waren, richteten wir uns um 3.30 Uhr bei Nansens Winterquartier zum Übernachten ein. O Gott, wird es mir denn wirklich nicht besser gehen, bevor wir die Teplitz-Bucht erreichen? Das wäre ein Skandal.

23. Februar. Ich bin so geschwächt, daß ich nicht einmal 10 Schritte vorangehen konnte. Ich mußte von meinen Kameraden auf dem Schlitten gezogen werden. Ich habe große Angst vor einer Lungenentzündung.

24. Februar. Ich fuhr wieder auf dem Schlitten – wie ein Weib!

25. Februar. Es war eine höllische Kälte: minus 35 Grad, der bisher kälteste Tag. Am Abend fiel dann das Thermometer auf minus 40 Grad, aber wir sitzen wie die Zigeuner um den Primus.

26. Februar. Am Abend kam ein Bär zum Zelt, ein riesiges Tier, die Hunde vertrieben ihn. Trotz meiner Krankheit ging ich dem Hundegebell nach. Wir fanden den Bären in einem Eisloch sitzen. Ich drückte ein paar Mal auf einer Entfernung von nur 70 cm auf ihn ab, aber das Gewehr war so eingefroren, daß kein Schuß losging. Der Bär sprang aus dem Eisloch und lief davon.

27. Februar. Mein Gesundheitszustand ist sehr schlecht, der Bär von gestern hat ihn noch verschlechtert.

28. Februar. Ich bin furchtbar mitgenommen und liege untätig im Schlafsack.

13. März. Ich ernähre mich nur noch von Kompott und Wasser. Alles andere widerstrebt mir. Wir sahen über den Bergen zum ersten Mal die liebe und so vertraute Sonne. Ach, wie ist sie schön und gut. Bei ihrem Anblick scheint uns die Welt ganz verändert. Sei gegrüßt, du schönstes Wunder der Natur! Leuchte unseren Lieben in der Heimat, daß sie sehen, wie wir uns im Zelt bergen, wie wir krank und niedergedrückt unter 82° nördliche Breite …«

Mit dieser Eintragung bricht Georgi Jakowlewitsch Sedows Tagebuch ab.

17. März. In dem dunklen Zelt zitterte die bläuliche Flamme des Primus. Sedow warf sich hin und her. Seine Atemzüge wurden rascher, das Luftholen fiel ihm immer schwerer. Bisweilen hielten die beiden Matrosen ihren Chef in halbsitzender Stellung. So war es ihm leichter.
18. März. Gegen 2 Uhr mittags bekam Sedow plötzlich keine Luft mehr.
»Mein Gott, mein Gott! Linnik, stütz mich!« … Das waren Sedows letzte Worte.
Die Matrosen saßen lange wie gefesselt da, sie wagten kein Wort zu sprechen. Endlich drückte einer von ihnen dem Verstorbenen die Augen zu und bedeckte sein Gesicht mit einem sauberen Taschentuch. Der Sturm hatte sich gelegt: Es war, als hätte er sich beruhigt, nachdem es ihm gelungen war, den rastlosen Geist zu bändigen, der diesen nun starren Leib trotz Krankheit und Kälte hierher getrieben hatte.

Nikolai W. Pinegin hat das Wort *Mord* in seinen Aufzeichnungen nicht benutzt, aber er schrieb von einem Verbrechen. Ich als Chronist tue es und stelle die Frage: Gab es im Jahr 1904 einen Mord am Pol?
Und war der Mörder ein Tierarzt, der so zu Ruhm und Ehre kommen wollte?

23. Juli: »Die SANKT FOKA schaukelt auf freiem Wasser. Länger als eine Woche hatten wir am Kanal zur Wake gesägt und hätten noch länger arbeiten müssen – da half uns ein Sturm. Als unser Schiff Cap Sander passierte, setzten wir die Flagge auf Halbmast und schossen Trauersalut. So verabschiedeten wir uns von den Toten, die auf Franz-Joseph-Land zurückblieben.«
Vor der Heimfahrt steuerte die SANKT FOKA noch einmal Kap Flora an, um Teile der Jackson-Häuser als Brennstoff an Bord zu nehmen. Bei der Landung traf man auf Albanow und seinen letzten Gefährten Konrad, dessen erste Frage auch war: »Habt ihr noch ein wenig Tabak für uns?«

8. August: »Auf der Brücke stehen nur Albanow und ich. Das Land im Norden stand ebenso vor meinen Augen wie vor einem Jahr, als wir es zum ersten Mal erblickten – war es eine erstarrte Wolke; waren es sanft ansteigende hohe Berge, die sich über dem offenen Meer erhoben? Durch mein Hirn zog mit Windeseile das verflossene Jahr. Von neuem entstand der Augenblick, als auf der Brücke gerufen wurde: »Seht, seht, das ist doch Land!« Damals stand Sedow neben mir, mein alter Freund. Jetzt stand da Albanow, ein neuer Freund, und die Flagge wehte immer noch auf Halbmast.«

Nach fünfundsiebzig Tagen im Packeis können Albanows Männer endlich festes Land betreten. So liegen die Inseln des Franz-Joseph-Landes vor ihnen im ewigen Eis.

Dieses einsame Kreuz auf der Hooker-Insel im Franz-Joseph-Land erinnert an Sedows kläglichen Versuch, von hier aus den Pol zu erreichen.

Wortlos standen wir in einer kleinen Gruppe da und schauten auf die Sonne, die sich langsam aus dem Seenebel befreite. Endlich hatte unser Warten ein Ende, es war wirklich Tag geworden!

N. W. Pinegin

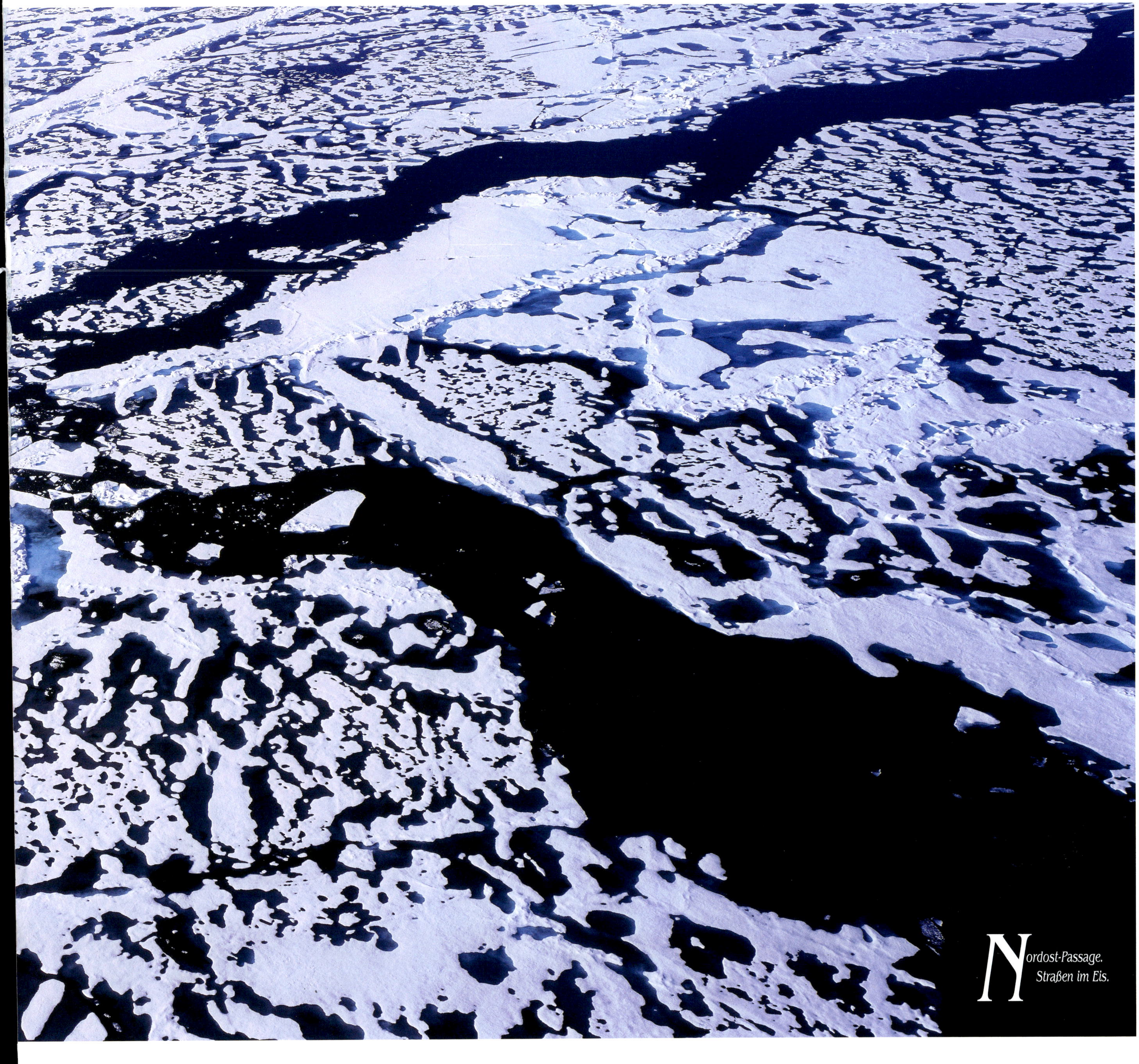

Nordost-Passage.
Straßen im Eis.

Post von Arved Fuchs. Arved Fuchs hat die beiden nördlichen Seewege in unseren Tagen mit seinem winzigen Segelkutter DAGMAR AAEN erfolgreich durchfahren. Während die VEGA immerhin ein stolzer Dreimaster (ebenso wie die Schiffe TEGETTHOFF und JEANNETTE) mit 43 Meter Länge war, handelt es sich bei der DAGMAR AAEN um einen kleinen Einmaster von nur 18 Meter Länge. Arved Fuchs ist damit der zweite Mensch auf der Erde, der den Nordpol umsegelt hat, der erste war Roald Amundsen. 1993 trafen wir uns in Grönland (l.), Arved war unterwegs in die Nordwest-Passage. Ein Jahr später begegneten wir uns auf den Aleuten (r.).

Ich kam aus der Nordwest-Passage, Arved aus der Nordost-Passage.
Das Bild zeigt Renate Weyer, Kapitän Hartwig von Harling, Arved Fuchs und Helfried Weyer.
Im Jahr 2004 fanden wir unweit des Krisch-Grabes auf der Wilzcek-Insel
im Franz-Joseph-Land (l.) eine Flaschenpost von Arved Fuchs aus dem Jahr 1991 mit der genauen
Positionsmeldung seiner ICESAIL-Expedition.
Kleine Welt der Arktis. Die Plastikflasche in der Hand von Victor Boyarsky,
in der das Dokument steckte, wurde von einem Eisbären zerbissen (r.).

Durch das rasante Abschmelzen des Meereises in der Arktis verändern sich die Lebensbedingungen für Pflanzen und Tiere dramatisch, so etwa für Polarbären, die vom Eis aus auf die Jagd nach Robben gehen und mit der Meereiskante wandern.
Die Eisfläche der Arktis schrumpft bereits im vierten Jahr in Folge in Rekordtempo. Das Eis verringert sich derzeit um etwa acht Prozent pro Jahrzehnt. Wenn dieser Schwund anhält, könnte die Arktis zum Ende des Jahrhunderts im Sommer komplett eisfrei sein, heißt es in dem Nationalen Schnee- und Eis-Datenzentrum der USA (NSIDC).

Zeitungsmeldung September 2006

Die Temperaturen in der Arktis sind fast doppelt so schnell gestiegen wie in gemäßigteren Zonen. Über die Abnahme des Meereises gibt es unterschiedliche Angaben. Schätzungen liegen zwischen 3 % und 9 % pro Dekade. Laut WWF hat die Ausdehnung des Packeises in den letzten 20 Jahren um 6 % abgenommen. Bis zum Jahre 2050 rechnet der WWF mit einem Rückgang um 60 %. Und je mehr Eis dahinschwindet, desto schneller läuft der Vorgang ab.

Arved Fuchs

Epilog

Die Suche nach den nördlichen Seewegen war logisch und notwendig, denn die Strecke von Hamburg bis nach Yokohama in Japan ist um die Südspitze Afrikas herum, also um das Kap der Guten Hoffnung, 14.550 und durch den 1869 fertiggestellten Sueskanal gute 11.000 Seemeilen lang, durch die Nordost-Passage aber nur knappe 7.000 Seemeilen. Bei der Nordwest-Passage verhält es sich ähnlich.
Aber mit Segelschiffen war dieser kurze Weg einfach nicht zu erzwingen. Und als die beiden Passagen im Westen wie im Osten endlich gefunden waren, hatte man in Europa längst erkannt, daß sie weder Handelsvorteile noch den erhofften Reichtum der fernöstlichen Märchenländer bringen können. Auf jeden Fall war der Motor zur Auffindung der Passagen das aberwitzige Bestreben fast aller Menschen, rasch und auf möglichst bequeme Art und Weise reich zu werden. Ihnen wurde nie oder zu spät bewußt, daß die wahre Befriedigung im verhältnismäßig kurzen Menschenleben einzig und alleine ernsthafte und zielstrebige Arbeit ist.
Das alles wußten auch Nordenskiöld und Amundsen bei ihren erfolgreichen Durchfahrten vor gut hundert Jahren.
Heute sind die Segelschiffe in der Arktis von modernen Eisbrechern verdrängt, die beide Passagen regelmäßig und problemlos befahren – auch im Winter – und sogar Kreuzfahrtschiffe eskortieren. Damit ist die Arktis im Westen wie im Osten zu einem ganz besonders beliebten Touristenziel geworden, mit steigender Tendenz.

Ich teile die große Begeisterung unzähliger Arktisfahrer, die unterwegs eiskalte Geschichten bei Wein und Grog von uns Lektoren hören – und anschließend von den Außendecks, die auf Eisbrechern Turmhöhe erreichen, in eine wahre Traumkulisse schauen; zauberhafte Eisberge treiben da vorbei, gewaltige Gletscherströme fließen ins Meer, Millionen Seevögel schwirren um die Klippen, und Eisbären kommen auf Besuch direkt zu unserem Schiff. Die Sonne steht bei diesem Schauspiel vierundzwanzig Stunden lang am Himmel!
Einige der spannendsten Geschichten habe ich in diesem Buch erzählt, sie sind oft unglaublich und doch wahr und lassen in vielen Passagen das Blut in unseren Adern stocken. Aber die Fotografien, oft im Großbildformat auf beiden nördlichen Seewegen aufgenommen, besänftigen uns dann wieder, denn wir reisen durch eine besonders schöne und noch heile Welt.
Aber wie lange noch?
Wo Barents und Franklin im tödlichen Eis scheiterten, fuhren wir wenige Jahre vor und nach der Jahrtausendwende durch völlig eisfreies Wasser. Also doch! Stimmen die vielen Schreckensmeldungen von der »Global warming«?
Es ist richtig und unbestritten, daß sich die Gletscher weltweit zurückziehen. Ebenso richtig ist aber auch, daß sich das Eis auf Grönland Jahr für Jahr erhöht. Die gesamte Eiskappe dieser kalten Insel ist in den vergangenen zehn Jahren um etwa sechzig Zentimeter dicker geworden, weil die Erderwärmung in Arktis und Antarktis für mehr Niederschläge sorgt.

Müssen wir also befürchten, daß Eisfahrten, wie in diesem Buch beschrieben und gezeigt, in der nächsten Generation gar nicht mehr möglich sein werden, weil es an den Polkappen kein Eis mehr geben wird oder weil die Ölpreise explodieren und solche Reisen unbezahlbar werden?
Ich bin da optimistisch und denke, daß die menschliche Intelligenz doch so groß ist, daß wir Mittel und Wege finden werden, um zumindest die von Menschen gemachte Schuld an dieser Misere durch große Forschungsanstrengungen auf dem Gebiet erneuerbarer Energien sehr wohl in den Griff bekommen werden. Und wenn trotzdem die weiten und so faszinierenden Eislandschaften im Norden wie im Süden im Sommer verschwinden, dann wird der Besucher ganz einfach zu anderen Jahreszeiten dorthin reisen können, zum Beispiel im Frühling und im Herbst. Auf solchen Reisen wird dann auch der »normale Tourist« etwas ganz Neues und Großartiges erleben; die Polarnacht, von der Fridtjof Nansen sagt:

»Etwas Schöneres als die Polarnacht gibt es nicht, ein Traumbild, gemalt in den feinsten Tönen, ohne Formen; alles ist dämmernde träumende Farbenmusik, eine ferne, unendliche Melodie in gedämpftem Saitenspiel … wie eine gewaltige Kugel wölbt sich der Himmel über dir, oben blau, näher am Horizont grün und ganz unten, am Himmelsrand lila, violett. An dem blauen Gewölbe blinken Sterne, friedlich wie immer; Freunde, die nie verzagen. Da schüttelt das Nordlicht einen silberglitzernden Schleier über das Gewölbe, bald gelb, bald grün, bald rötlich – dann zerflattert es, sammelt sich wieder mit unruhigem Jagen und wiegt sich schließlich in leuchtenden Silberbändern mit reichen Falten. Gleißende Strahlenwellen fahren darüber hinweg, und für einen Augenblick schwindet der Glanz. Da spielt es mit Flammenzungen hoch oben im Zenit. Plötzlich schießt ein kräftiger Strahl vom Himmelsrand heraus, und der ganze Schleier schmilzt im Mondesglanze – und dann diese Stille, ergreifend wie die großartige Symphonie der Unendlichkeit …«

Wer auf einem Fischkutter rettungslos ins Eis gerät und ersäuft, verhungert oder erfriert, hat keinen Anspruch auf eine historische Notiz. So spricht auch keiner mehr von verschollenen Walfängern und Tranjägern – von Seeleuten, die das Nördliche Eismeer jährlich befuhren, ohne ihre Unternehmungen mit dem emphatischen Namen einer Expedition zu versehen. Auch die Tranjäger machten Entdeckungen und überwinterten auf Inseln, die den Kosmographen noch lange verborgen blieben; sie kannten das Eis und schiffbare Routen besser als die Vertreter der Akademien – aber wer, außer dem Schreiber in einem Handelskontor, hätte ihre Namen aufzeichnen sollen? Was sind zehn verschwundene Robbenschlägerfregatten gegen ein einziges Expeditionsschiff, das in königlichem Auftrag segelt und sinkt?! Wer seine Arbeit auf einem Fangschiff verrichtet, hat keinen Anspruch auf Ruhm. Aber den Expeditionen, und seien sie noch so erfolglos, ein Denkmal.

Christoph Ransmayr

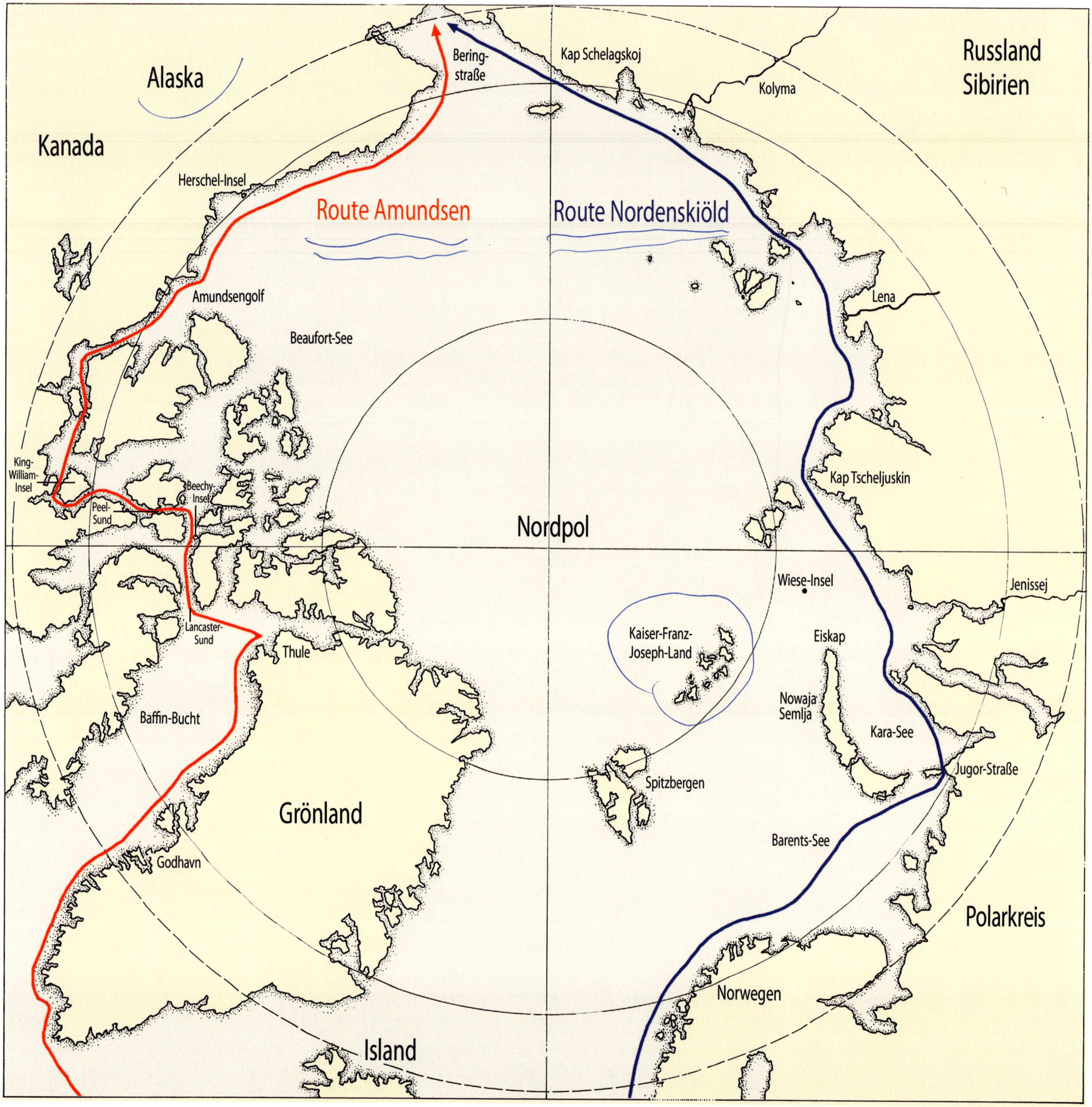
Alaska
Kanada
Russland
Sibirien
Bering-
straße
Kap Schelagskoj
Kolyma
Herschel-Insel
Route Amundsen
Route Nordenskiöld
Amundsengolf
Beaufort-See
Lena
King-
William-
Insel
Beechy-
Insel
Peel-
Sund
Kap Tscheljuskin
Nordpol
Wiese-Insel
Jenissej
Lancaster-
Sund
Thule
Kaiser-Franz-
Joseph-Land
Eiskap
Baffin-Bucht
Nowaja
Semlja
Kara-See
Jugor-Straße
Spitzbergen
Grönland
Barents-See
Godhavn
Polarkreis
Norwegen
Island

Die linke Karte zeigt die beiden nördlichen Seewege mit den Routen der Erstbefahrer Nordenskiöld und Amundsen. Zu diesen Routen gibt es verschiedene Varianten, die fast nur von Eisbrechern bewältigt werden können.

Die nördliche Halbkugel in Polarprojektion nach einem Kupferstich aus dem Jahr 1735 zeigt die Nordwest-Passage als völlig weißen Flecken auf der Weltkarte. Die Einfahrt zum Lancaster-Sund ist auf dieser Karte schon vermerkt. Die Nordost-Passage war in jener Zeit besser bekannt, obwohl die sibirische Küste nur sehr ungenau dargestellt ist. Nowaja Semlja liegt zum Beispiel auf der Karte parallel zur Küste, in Wahrheit erstreckt sich diese Doppelinsel direkt nach Nordosten.

Diese Forscher und Entdecker erinnern mich an neugierige Kinder. Sie tappen irgendwo auf unbekanntem Gelände herum, verlaufen sich, und dann muß man sie suchen und retten.
Tom Wittgen

Danke

sage ich an dieser Stelle Dirk Moldenhauer für die Einladung zur Nordwest-Passage. Kapitän Hartvig von Harling, seinen Offizieren Thilo Natke und Randolph Hess sowie dem Expeditionsleiter Werner Stambach danke ich für alle Hilfe und Unterstützung an Bord der MS HANSEATIC. Gleiches gilt für Kapitän Heinz Aye, der uns oft in sein geliebtes Eis geführt hat. Ein ganz großes Dankeschön möchte ich auch den Poseidon-Managern Nikolai Saveliev, Alexey Mironov und Maxim Chernyshev sowie allen Staff- und Crewmitgliedern an Bord der KAPITAN DRANITSYN aussprechen.
Besonders herzlich danke ich Victor Boyarsky für die immer gute Zusammenarbeit, aus der eine deutsch-russische Freundschaft geworden ist.
Zu großem Dank verpflichtet bin ich auch den Reiseveranstaltern Ikarus in Königstein und Hurtigruten GmbH in Hamburg, die mich immer wieder als Reiseleiter und Lektor in die Arktis eingeladen haben.
Auch meiner lieben Frau Renate möchte ich an dieser Stelle herzlich danken; für die große Hilfe unterwegs und bei der Zusammenarbeit an diesem Buch.
Nicht zuletzt danke ich allen Mitarbeitern des Koehler Verlages in Hamburg, ganz besonders Frau Mirja Hübner, für die gute und problemlose Zusammenarbeit und die ausgezeichnete Layout- und Druckqualität.

Bemerkungen zur Fotografie

Alle Aufnahmen dieses Buches entstanden mit der Rolleiflex 6/6 im Mittelformat und mit der Linhof Technorama 6/17 im Großformat, immer geladen mit Filmen von Kodak Ektachrome EPR 64 (früher) und Ektachrome 100 VS (heute). Wenn möglich, habe ich ein Holzstativ von Berlebach benutzt – kein anderes ist in der Arktis besser geeignet. Ein noch perfekteres Equipment kann ich mir auf solchen Reisen nicht vorstellen. Die Qualität der analogen Fotografie ist digital noch lange nicht erreicht!

Literatur

Als Quellen für dieses Buch habe ich folgende Literatur benutzt, die ich auch zum Weiterlesen empfehle:

Albanow, Valerian **Im Reich des weißen Todes** Verlag Kultur und Fortschritt, Berlin 1956

Amundsen, Roald **Mein Leben als Entdecker** Verlag E. P. Tal & Co., Leipzig 1929

Amundsen, Roald **Die Nordwest-Passage** Verlag Albert Langen, München 1908

Beattie, Owen **Der eisige Schlaf** Verlag vgs, Köln 1989

Boden, Jürgen **Im Bannkreis des Nordens** Alouette Verlag, Oststeinbek 1999

Ellsberg, Edward **Hölle im Eis** Wegweiser Verlag, Berlin (ohne Datum)

Fleming, Fergus **Barrow's Boys** Verlag Piper, München 2004

Friedrich, Herbert **Die Eissee** Verlag Neues Leben, Berlin 1968

Fuchs, Arved **Nordwestpassage** Delius Klasing Verlag, Bielefeld 2005

Fuchs, Arved **Kälter als Eis** Delius Klasing Verlag, Bielefeld 2003

Fuchs, Arved **Abenteuer Russische Arktis** Verlag Kiepenheuer & Witsch, Köln 1991

Fuchs, Arved **Wettlauf mit dem Eis** Verlag Kiepenheuer & Witsch, Köln 1994

Gilder, William **Der Untergang der Jeannette-Expedition** Verlag Brockhaus, Leipzig 1928

Kiesewetter, Dr. Fr. **Die Franklin-Expedition und ihr Ausgang** Verlag von Otto Spamer, Leipzig 1867

Koldewey, Carl **Die Zweite Deutsche Nordpolarfahrt** Verlag Brockhaus, Leipzig 1883

Krisch, Otto **Tagebuch** Im Verlag der Wallishausser'schen Buchhandlung, Wien 1875

Munk, Jens **Über den Nordpol nach China?** Horst Erdmann Verlag, Tübingen 1974

Nadolny, Sten **Die Entdeckung der Langsamkeit** Verlag Piper, München 1987

Nansen, Fridtjof **In Nacht und Eis** Band I, II und III, Verlag Brockhaus, Leipzig 1922

Nordenskiöld, Adolf Erik **Die Umsegelung Asiens und Europas auf der VEGA** Band I und II, Verlag Brockhaus, Leipzig 1882

Page, Charles **Die Entdeckung der Arktis** Berliner Taschenbuch Verlag, Berlin 2002

Payer, Julius **Die österreichisch-ungarische Nordpol-Expedition** Verlag Hof- und Universitätsbuchhändler Alfred Hölder, Wien 1876

Pinegin, Nikolai **Aufzeichnungen eines Polarforschers** Verlag Philipp Reclam jun., Leipzig (ohne Datum)

Ransmayr, Christoph **Die Schrecken des Eises und der Finsternis** Verlag S. Fischer, Frankfurt a. M., 1993

Selber, Martin **Und das Eis bleibt stumm** Verlag Das Neue, Berlin 1955

Weyer, Helfried **Nordwest-Passage** Koehlers Verlagsgesellschaft, Hamburg 1995

Weyer, Helfried **Vergessene Inseln im Eis** Nicolaische Verlagsbuchhandlung, Berlin 2006

Veranstalteradressen für Arktisreisen

Deutschland:

Weyer Foto Flug
Eckdahl 38
21614 Buxtehude
Telefon 0 41 61 71 30 25
Fax 0 41 61 71 30 26
Email. weyer@helfried-weyer.de
www.helfried-weyer.de

Z Hurtigruten

Huritgruten GmbH
Kleine Johannisstraße 10
20457 Hamburg
Telefon 0 40 37 69 30
Fax 0 40 37 50 11 16
Email: info@hurtigruten.de
www.hurtigruten.de

Ikarus Tours GmbH
Am Kaltenborn 49-51
61462 Königstein
Telefon 0 61 74 2 90 20
Fax 0 61 74 2 29 52
Email: central@ikarus.com
www.ikarus.com

Hapag-Lloyd Kreuzfahrten GmbH
Ballindamm 25
20095 Hamburg
Telefon 0 40 30 01 46 00
Fax 0 40 30 01 46 01
Email: info@hlkf.de
www.hlkf.de

Österreich:

KNEISSL TOURISTIK Ges.m.b.H.
Linzer Straße 4-6
A-4650 Lambach
Telefon 00 43 72 45 20 70 06 0
Fax 00 43 72 45 20 80 0
Email: zentrale@kneissltouristik.at
www.kneissltouristik.at

Schweiz

Polar News
Heiner und Rosamaria Kubny
Ackersteinstraße 20
CH-8049 Zürich
Telefon 00 41 44 13 42 36 60
Fax 00 41 44 13 42 36 61
Email: redaktion@polar-news.com
www.polar-news.com